新时代大学生心理问题及调适研究

余 晖　周 俊／著

北京燕山出版社

图书在版编目（ＣＩＰ）数据

新时代大学生心理问题及调适研究 / 余晖 , 周俊著 .
— 北京：北京燕山出版社 , 2022.11
　　ISBN 978-7-5402-6755-1

　　Ⅰ . ①新… Ⅱ . ①余… ②周… Ⅲ . ①大学生—心理
健康—健康教育—研究 Ⅳ . ① G444

中国版本图书馆 CIP 数据核字（2022）第 223034 号

新时代大学生心理问题及调适研究

著者：余晖　　周俊
责任编辑：战文婧　　郭扬
封面设计：马静静
出版发行：北京燕山出版社有限公司
社址：北京市丰台区东铁匠营苇子坑 138 号嘉城商务中心 C 座
邮编：100079
电话传真：86-10-65240430（总编室）
印刷：北京亚吉飞数码科技有限公司
成品尺寸：170mm×240mm
字数：210 千字
印张：12.5
版别：2023 年 4 月第 1 版
印次：2023 年 4 月第 1 次印刷
ISBN：978-7-5402-6755-1
定价：75.00 元

前　言

　　当今世界的竞争主要是人才与国民素质的竞争。面对"两个一百年"的机遇和挑战，许多专家学者开始研究新时代对人才素质的要求，并且将心理素质放在了重要的位置，认为心理健康是评价现代人的一项重要标准，是其他素质形成与发展的前提和基础。基于此，国内外心理学家对当代青年心理素质的培养高度重视，对这些心理问题展开专门研究，提出了很多合理化的建议。

　　心理健康是制约大学生成长成才的重要因素之一。随着社会节奏不断加快，大学生群体的心理问题日益凸显，探索恰当的心理调适策略显得非常重要。加强大学生心理健康教育，对促进大学生德、智、体、美、劳的全面发展，对他们的成长成才具有十分重要的意义。很多研究显示，新时代的大学生除了要具备较高的思想素质、政治素质、专业素质外，还需要具备较高的心理素质，这样才能应对社会的竞争与变化，应对价值观念的变迁，才能够承担新时代赋予大学生的历史使命。鉴于此，笔者策划并撰写了本书，以期促进大学生的身心和谐发展，使大学生能够正确对待人生，正确认识社会，专注学习，使自己尽快成长为中国特色社会主义需要的人才。

　　本书共包含十章。第一章对大学生心理健康的内涵进行了梳理，为后面章节内容的展开做铺垫。第二章到第九章探讨了大学生心理健康的各个方面，包含自我意识、适应心理、学习心理、人际交往心理、情绪、恋爱心理、网络心理、择业心理，分析了各种心理的内涵以及常见的问题，并提出了具体的培养及调适策略。最后一章对大学生心理危机干预加以分析，对心理危机进行评估，进而提出了具体的干预策略。

　　本书有如下特色。首先，研究角度多元化。即本书从多个角度对大学生的心理问题及调适方法进行分析，从心理过程研究了大学生的自我意识、适应、情绪等心理与调适,从活动领域研究了大学生的学习、恋爱、交际、网络、择业等心理。其次,内容新颖。很多内容都来自具体的心理咨询实践,除了研究大学生心理的一般内容外,还论述了大学生比较突出的网络心理、择业心理等内容。最后,具有较强的操作性。本书致力于解决大学生的心理认知与障碍,以提升大学生的心理调适能力,在各个章节中除了论述大学生的心理特点,还提出了科学可行的调适方法,以便于对大学生展开科学的心理调适训练,促进大学生心理素质的提升。本书将理论与实践相结合,内容丰富翔实,结构清晰明了,相信能够为大学生心理健康教育的研究者以及工作者提供一些有益的借鉴。

在本书的撰写过程中,参考和吸收了诸多相关的研究成果,也引用了其中一些观点,这里表示衷心的感谢!由于时间较为仓促,加之水平有限,因而难免会存在一些疏漏和瑕疵,恳请广大专家学者、读者不吝指正,以便今后更好地完善此书。

目 录

第一章

大学生心理健康的内涵

大学阶段是人才成长的重要阶段,大学生是高级人才的预备队伍。就个体的发展来说,大学生会经历从青春期转向成年期的过程,这也决定了大学生活使个体逐渐成熟、更加独立。在大学阶段,每一个个体都会面临人生的重大课题,如专业知识的储备、个人智能的开发、个人思想道德修养的进步、个人品质的逐渐优化等。这些课题的完成,关系大学生的身心发展。由于大学生的心理还并未成熟,还缺乏自我调控能力,加上需要适应变化的环境,因此在面对一些复杂的问题时,往往会出现矛盾心理,造成心理的不适与焦虑,甚至产生一些消极心理。对于这些消极的心理,如果大学生不能有效缓解,那么必然产生心理障碍。因此,保证心理健康,对自己的心理素质进行优化,不仅是大学生的身心发展要求,也是他们展开学习的保障。本章作为开篇,主要谈一谈大学生心理健康的内涵。

第一节　心理健康概述

一、心理健康的含义

心理健康是人们在长期实践活动中总结出来的关于人类健康的新认识。"无病即健康"的传统观念一直束缚着人们对健康的正确理解。教育界也没有引起足够的重视。随着现代尖端科学技术的提高,新的科技手段不断地被用于人的心理和健康关系的研究,人们对人的健康有了全新的认识。研究结果表明,人的心理的、社会的和文化的因素同人的生物因素一样,直接或间接地对人的健康和疾病产生影响,使得人们不仅关心自己身体健康状况,更关注自身的心理素质和社会适应能力,使自身发展适应社会发展的需要,以便实现人生价值。

世界卫生组织(WHO)1989年对健康下的定义是:"健康不仅是没有疾病,而且包括躯体健康、心理健康、社会适应良好和道德健康。"可见,健康不仅是身体各器官系统发育良好、功能正常、体质健全、精力充沛,而且包括心理、生理、社会适应和道德健康等诸方面,这是相互影响、相辅相成的一个整体,使人处于"一种身体上、精神上、社会上的完满状态"。从而能够充分发挥个人的最大潜能,妥善地处理和适应人与人、人与社会环境之间的相互关系。

二、心理健康的标准

心理健康包含什么是心理健康和如何才算心理健康,前者回答心理健康是研究什么,后者回答心理健康的标准。心理健康是维护和增强心理素质,提高社会适应能力,预防和消除心理疾病,使心理处于最佳状态的一个学科领域。它的根本目的在于预防和矫治各种心理及行为异常,保持和促进个人与社会的心理健康。如何才算得上是心理健康?这涉及心理健康的标准问题。当前学术界公认的心理健康标准包括智力正常、情绪稳定乐观、自我意识完善、反应适度、心理行为符合年龄特征、意志坚定能够自制、人格完整和谐、人际关系和谐等。

第二节 大学生与心理健康

一、大学生的心理特征

大学生处于青年中期,正处于迅速走向成熟而又未完全成熟的发展阶段。他们的心理既具有青年期青年所具有的一般心理年龄特征,又有处于青年中期的大学生这个特殊青年群体的特殊心理年龄特征。他们的心理年龄特征主要表现在如下几点:

第一,生理发育成熟,已达高峰。从大学生生理发育来看,身体的各器官机能已日臻成熟,肺活量,脑重量,脑细胞的分化机能,高级神经活动的第一信号系统、第二信号系统的功能,性机能等已达到成人水平,身体的成熟已接近完成,生理发展已达人生的高峰值。

第二,智能发展已达高峰。大学生的智能发展接近或达到一个"顶点"的时期,以抽象逻辑思维为核心的各种认识能力已相当发达,有的正处在巅峰状态。思维方式已完成了由经验型向理论型转化,抽象逻辑思维的形成,标志着青年大学生智能发展已经成熟。

第三,情感迅速发展。大学生新的需要不断增加,某些强烈的需要,容易激起强烈的情感反应,内容也会更加丰富。

第四,意志的目的性和坚持性得到进一步发展,克服困难的主动性和自制力增强,表现出较强的毅力和信心。

第五,自我意识进一步发展,表现出独立意向增强,追求理想自我。关心自己个性成长,努力塑造自己的形象,设计自我模式,追求自我的完善。自我评价能力、自我控制能力大为提高,自尊心和自信心增强,标志着大学生的自我意识的发展已基本成熟。

第六,富有理想,兴趣广泛,人生观基本形成。

（一）心理发展的根本动力

任何事物的发展都有其动力和条件。唯物辩证法认为，矛盾存在于一切事物的发展过程中，"事物发展的根本原因，不是在事物的外部，而是在事物的内部，在于事物内部的矛盾性"。"外因是变化的条件，内因是变化的根据，外因通过内因而起作用"。大学生心理的发展也是如此，它有自身发展的动力，这个动力就是它自身的内部矛盾。什么是内部矛盾？人们目前尚没有一致的看法。一般认为，人在活动中不断出现的新的需要和原有的心理发展水平之间的矛盾是心理发展的内部矛盾，这种内部矛盾就是心理发展的根本动力。对大学生而言，他们在积极参与各种活动中，由于学校、教师、家长和社会等外界环境总是要向他们不断提出各种各样的要求，并由此引起他们内心的各种新的需要。而这种新需要与他们原有的心理水平之间的矛盾，便构成其内部矛盾，这一矛盾在一定的环境和教育条件作用下变化发展，也就推动着大学生心理的不断向前发展。

（二）需要与心理发展

大学生新的需要是他们心理发展的内部矛盾中比较活跃的因素。当今社会，大学生的需要种类很多。从需要的起因来说，有生物性的需要，也有社会性的需要；从需要的对象来分，有物质需要，也有精神需要。他们的各种需要具有共同的特点：

（1）对象性。指需要总是对一定事物的追求，有其指向的客体。

（2）紧张性。指追求新需要的过程中，常常具有紧张的体验。

（3）驱动性。指新需要一旦出现，就会成为一种支配行为的驱动力，成为寻求满足的力量，推动人去从事某种活动。

（4）起伏性。指需要的强弱因各种原因而发生变化，不会始终保持同样的强度。

由于需要的这些特性，它在构成人的心理发展的内部矛盾中，总代表着新的、比较活跃的一方。新的需要可能是健康的，也可能是不健康的；新的需要的水平可以有高有低。人为了满足新需要就要去从事一定的活动，而完成这种活动则要求有比原先更高的心理水平的时候，这种心理水平就会同原有的心理水平之间产生矛盾。为了满足新需要的实现，就必须使原有的心理水平达到高一级的水平，从而就促使新的心理品质和特点的产生。可见，人们在活动中不仅会不断出现新的需要，而且也会不断地去解决它同原有的心理水平的矛盾。大学生的心理就是在这种不断解决新的需要与原有的心理发展水平的内部矛盾运动中发展的。这种内部矛盾运动就是心理发展的动力。

然而，新需要与原有心理水平是互相依存又相互对立的，也就构成了一对矛盾。这种内部矛盾经过矛盾运动，其结果可能出现两种情况：一是在新需要的促动下，原有心理水平得以提高，达到新需要的水平的要求，促成二者的暂时统一，促使心理水平前进了一步，提高了水平；二是新的需要产生动摇，被原有的心理水平否定，心理水平仍保持在原有状态，二者仍处于暂时的统一状态。而在一定的情境下新的矛盾又会产生，出现新的矛盾运动。

二、大学生心理健康的现状

青年时代是人一生的黄金时代，是长身体、长知识、长见识，各方面日趋成熟的时期。处在此时的当代大学生，其生理、心理的变化既快又显著，表现出许多突出的特点。总体上来说，多数大学生的心理是健康的，他们思想活跃，精力充沛，朝气蓬勃，求知欲强，渴望成才，对未来充满信心，充分体现了时代的特征。他们善于独立思考，学习效率高，有较健全的意志，自我意识也有新的发展，认识水平和认识能力逐步提高，情绪体验丰富且较稳定，并拥有良好的人际关系，对生活充满理想，进取心强烈，表现出饱满的青春活力，体现出人格的完整和统一。他们的人生观、世界观逐步形成，对社会、对人生、对生活、对学习都有比较客观的认识，自我调控能力也有提高，能较好地适应社会生活。

然而，大学生正处在个性形成的关键时期，他们的心理发展尚未完全成熟，缺乏社会生活的磨炼，心理承受能力比较薄弱，自我调节能力和自我控制能力不强，因此在处理学习、工作、社交、友谊、爱情以及个人与社会的关系等人生需要面临的复杂问题时，缺乏综合权衡能力，不能理智地驾驭感情，常常引起心理矛盾的激烈冲突，造成心理发展过程中的失调和不平衡，产生各种心理障碍，甚至精神疾病。所以，有相当一部分大学生，他们的心理健康状况不容乐观。

三、大学生心理健康的标准

根据我国大学生的实际情况,评判大学生的心理健康水平可从以下几个标准考虑。

(一)智力正常

智力正常是大学生学习、生活和工作最基本的心理条件,也是适应周围环境变化所必需的心理保证。衡量大学生的智力是否正常,关键在于判断其是否正常地、充分地发挥了自我效能,是否有强烈的求知欲,乐于学习,能够积极参与学习活动。智力正常的大学生应该珍惜学习机会,保持对学习较浓厚的兴趣,求知欲望强烈,能克服学习中的困难,学习成绩稳定,能保持一定的学习效率,并能从学习中体验满足与快乐。

(二)意志健全

意志健全的大学生在进行各种活动时都目的明确,能够用积极的心态对待在进行活动时出现的各种问题,并且会努力想办法去解决各种问题。另外,意志健全的大学生能够有效控制自己的情绪和言行,清楚地明白不良情绪可能会带来的各种后果。意志健全的大学生能较长时间保持专注和控制行动去实现某一既定目标,不为任何外来干扰所动摇,不达目的绝不罢休。良好的意志品质一经形成,将对人的一生产生极为重大的影响。一个意志健全的大学生,肯定会自觉寻求自身最大的发展,实现自己的价值。

(三)情绪健康

情绪健康的标志是情绪稳定、乐观和心情愉快,愉快情绪多于负性情绪,乐观开朗、富有朝气,对生活充满希望;了解自己,悦纳自己;情绪较稳定,善于控制与调节自己的情绪,既能克制又能合理宣泄自己的情绪,情绪的表达既符合社会的要求又符合自身的需要,在不同的时间和场合有恰如其分的情绪表达。情绪健康的大学生常表现出愉快、乐观、开朗、满意等积极情绪状态。心理健康的大学生并不是没有悲、怨、忧、怒等消极情绪体验,而是在遇到各种问题时,善于控制与调节自己的情绪,既能克制又能合理宣泄自己的情绪,不会被情绪所左右而导致言行失调。

（四）人格完善

人格完善是指大学生有健全统一的人格，他们的所想、所说、所做都是协调一致的。完善的人格包括客观的自我认识和积极的自我态度；能准确地从别人的言语、行为中体察别人的思想、愿望和感受，了解别人对自己的看法和态度；对别人的了解是建立在事实根据上的而不是主观臆测；有统一的世界观和人生观。人格结构包括气质、性格、能力、理想、信念、需要、兴趣和动机等各方面。

（五）反应适度

个体的行为反应都是由一定刺激或者刺激的强化产生的，有反应是正常的，但一定要注意适度。例如，失恋时悲伤，朋友相聚时高兴，中彩票后异常兴奋，这些都是适度的反应，如果反应不适度，就会出现一些心理问题，所以一定要想办法去调节。例如，某大学生在考试中取得了较差的成绩，在看到成绩后，他非常失望和难过，这是非常正常的反应。但如果过了很长时间之后，他还是对于此事耿耿于怀，并且因此而长期睡不着觉，那么这就是不正常的、不适度的反应。又如，坐公交车上别人不小心踩了你一脚，别人对你道歉之后，你仍然不满意，还继续破口大骂，这也属于反应过度。

（六）自我评价客观

自我评价是主体对自己思想、愿望、行为和个性特点的判断和评价。全面、客观的自我评价是衡量大学生心理健康的重要条件。大学生在日常生活、学习和工作中如果能够客观评价自我，就能够清楚地明白自己的优缺点，能够合理摆正自己的位置，既不妄自尊大，也不妄自菲薄，能够提出切合自身实际的人生目标，面对挫折与困境，能够自我悦纳，喜欢自己，接受自己，并能很好地约束和控制自己的行为和情感，能根据自己的认识和评价来调控自己的行为，使自身与客观环境等保持平衡。

（七）人际关系和谐

和谐的人际关系是事业成功和人生幸福的前提。心理健康的大学生尊敬老师、团结同学，善于和别人交往，并能和多数人建立良好的人际关系。在人际交往中,对所有的人,无论职务高低、年龄大小,都平等对待,同样尊重;恪守诚信,与人为善;不在背后说别人的坏话,能换位思考;善于沟通,宽容待人;在学习和工作中善于与他人合作,在合作的基础上竞争,在竞争的基础上合作。

（八）社会适应正常

心理健康的大学生能够正确认识社会、了解社会,并且通过各种方式尽快融入社会,与社会保持良好的接触,使自己的思想、信念和目标等跟上社会进步的步伐,使自己不落后于社会,并且努力尝试为社会做出自己的贡献。如果社会的进步与发展和个人的发展存在一定的冲突时,努力调整,修正或放弃自己的计划和行动。

（九）心理行为符合年龄特征

大学生个体应该具有与其年龄特征相符合的心理行为,如果大学生的行为严重偏离自己所处的年龄阶段,无论是发展滞后还是超前,都是行为异常和心理不健康的表现。对此,一定要引起足够的重视,当发现问题后要及时进行调整,以免更为严重的心理问题产生。

四、大学生常见的心理问题

（一）学习方面

部分大学生对目前就读的专业不认可,对自己未来的就业前途感到迷茫,但由于已经就读,又不得不学习,心理压力越来越大。还有部分学生参加了过多的社团和学生组织,没有足够的时间学习,无法平衡社团活动和日常学习。一些家长对学生的期望很高,希望学生在学校多参加课外活动,争取学校奖学金,这又增加了学生的压力。此外,同专业、同班级学生之间的竞争也会增加学生的学业压力。而随着学业压力的增加,一旦学习成绩不理想,出现成绩下降、挂科、留级等情况,都会使学生出现焦虑、恐惧、抑郁等心理问题。

（二）性格方面

当前大学生在性格上主要存在四方面问题:一是胆小怕事,自卑;二是心理承受能力弱,抗挫折能力差,就像温室里的花朵,经不起大风大浪；三是不懂为人处世的技巧，担心别人不认可自己、看不起自己；四是自我认同不足、缺乏自信心。受以上问题影响，部分大学生常常把压力积压在心底，久而久之，会产生焦虑、抑郁等心理问题。

（三）人际关系方面

刚刚入学的大学生面临新的环境、新的人际关系和新的教学模式。现实中的大学和他们心中想象的大学可能完全不一样，他们在心理上会产生落差。大学是个小社会，大学中的人际往来也不像中学时期那么简单，很多学生适应不了这样的生活。大学里的同学来自五湖四海，有不同的地域特色和生活习惯，室友之间、同学之间相处起来很容易产生矛盾。在大学中，学生和教师的关系也发生了极大变化。大学学习要求学生有较强的自控能力和自律能力，教师离学生的生活较远，师生之间沟通交流较少。有些无法排解心理问题的学生选择沉迷网络，在交流门槛较低的虚拟世界中满足自己的心理需求。

（四）就业方面

随着高校扩招，高校在校生人数呈逐年增高，这也导致了当代大学生就业难的问题。从前包分配工作的模式几乎不复存在，绝大部分大学生都要凭自己的真才实学找工作。日益激烈的社会竞争和不断加快的生活节奏，给大学生制造了越来越严重的紧迫感和越来越大的压力，学生进入大学校园后就会关注自己所学专业的就业前景、薪资待遇等问题，一旦发现专业就业前景困难，心理压力就会增加。此外，当前很多企业认为刚毕业的大学生缺乏工作经验，不能很快地为公司创造价值，因而更倾向于选择雇佣有经验的人员以减少培训成本。还有一些企业存在虚假招工的现象，欺骗误导大学生，导致学生频繁跳槽，无形中增加了就业成本。在就业观念上，许多家长乃至大学生本人都认为大学生应该找一份体面的工作，过高的工作期望会进一步增加就业压力，导致大学生缺乏清晰的自我认知，毕业后感到迷茫，不知如何选择适合自己的职业，心理负担不断加重，进而导致心理问题的产生。

此外，大学生在恋爱、网络依赖等方面也容易出现问题，危及心理健康。

五、大学生心理健康的意义

（一）心理健康有助于大学生的全面发展

高等学校是我国培养社会主义现代化建设高级专业人才的基地，在面临21世纪挑战的今天，要求我们培养的高级人才在未来的国际竞争中，既能坚持社会主义道路，又能经受现代科学技术迅猛发展的挑战。大学生要想把这种时代对自身的要求内化为主体成才的追求目标，求得自我的完善与发展，就必须具备相应的思想政治素质、道德修养、业务能力素质、强健身体素质和良好心理品质等基本素质。其中心理健康是良好心理品质的基础，也是现代高级专业人才重要的内在素质。心理健康水平的高低对德、智、体全面发展有着重要的制约作用。因为德、智、体等方面的协调发展是以健康的心理作为基础的。全面发展则要求大学生不断进行自我认识、自我评价、自我教育和自我调节。这样有利于促进大学生增强身心的适应能力。

（二）心理健康有助于大学生形成良好的学习环境

人的生活环境包括自然环境和社会环境。自然环境即气候、地理及其他物质条件；社会环境即家庭、学校邻里、工厂、工作单位等环境。自然环境为人的身体和心理发展提供物质条件，如氧气、光线等，并且通过影响脑功能而制约心理的发展，但影响心理发展的主要因素是社会环境。人的心理发展是在遗传素质影响的基础上，通过环境特别是社会环境的作用得以实现的。

校园良好的环境，一方面需要学校和社会加强校园环境的优化和建设；另一方面，也是更重要的方面，是靠大学生自己去培养和营造。如果大学生的心理是健康的，情绪是积极稳定的，没有不必要的心理负担，那么就容易在校园里形成浓厚刻苦的学习氛围。和谐亲善的人际关系、彬彬有礼的言谈举止、朝气蓬勃的精神面貌、丰富多彩的文化活动，这些都会大大优化大学生的学习环境。

相反，如果大学生普遍精神状态不佳，没有远大的理想和目标，学习没动力、情绪低落、人际关系紧张，必然影响他们的学习成绩和成才质量，也就必然无法形成良好的校园学习环境。

由此可见，学习环境能影响大学生的心理发展，但健康的心理环境也有助于形成大学生良好的学习环境。

（三）心理健康能促进大学生更快适应社会环境

大学的学习生活是短暂的,大学生或迟或早都要走出校园,步入社会,经受社会的挑选和考验。对于生活阅历很短、社会经验不足、对社会应激变化心理准备不充分的大学生来讲,要更加注重心理品质的修养,加强和提高自己的心理健康水平,准备接受市场经济的挑战和锻炼。

第三节　大学生心理健康的维护

一、高校方面

（一）全员育人,激发学生积极应对问题的潜能

新生入校后,将积极心理健康教育工作融入新生的工作中,以关心学生需求、关注学生健康成长为出发点,提高服务质量,开展积极理念的思想引领活动。

（二）开展精品活动,增强学生感知幸福的能力

高校要广泛开展丰富多彩的心理健康教育活动,并要与时俱进,不断改革创新,创设精品,确保活动的实效性和发展性,满足变化中的学生心理需求。

（三）加强组织建设,提高学生自助与互助的主观能动性

首先,加强心理健康教育网络中的学生组织建设,选拔身心健康、热情开朗、乐于助人的班级心理健康委员和宿舍心理健康信息员加入网络建设中,然后由专业的心理辅导教师开展各种形式的培训。

其次,组建大学生心理健康协会或社团。鼓励学生团体独自开展活动。在开展各项活动的过程中,由他们自己发现和提出问题、设计主题、独立解决问题,更有利于提高心理健康教育的针对性和实效性。

（四）积极防控，促进学生正向发展

为学生建立心理健康档案，进行面对面的筛查，及时发现大学生中存在的心理健康问题，采用有的放矢的积极干预措施，开展团体心理辅导活动，安排乐于助人、情商较高的学生参与其中，促进学生正向发展。

（五）运用多种心理辅导方法，激发学生正能量

首先，高校心理辅导员要树立积极的人性观和心理健康观等，在探寻产生问题的根本原因的基础上，引导学生从问题本身去获得积极的体验，发展和积累成功经验，激发正能量，提高自信心。

其次，灵活运用多种积极的心理辅导方法，如采用"合理情绪疗法"，改变认知模式，用合理信念取代不合理信念，并强化积极信念的形成。

（六）凝聚学校、家庭、社会的合力，构建积极组织系统

虽然学校在大学生心理健康教育中起到主导作用，但家庭是影响大学生心理发展的重要因素，也是引起学生心理问题的主要根源地，而社会从物质因素、文化环境或主流价值观等方面全方位影响着学生的成长。因此，对于大学新生尤其要重视学校—家庭—社会互动网络建设，共同打造积极的育人环境。

首先，学校教育与家庭教育要密切配合，保持高度的一致性，学校通过分发或邮寄相关心理健康教育资料、网站建设，宣传、普及积极心理学知识和理念，引导和帮助家长树立正确的教育观，形成良好的民主性家庭教育氛围，充分了解孩子，尊重孩子，提升孩子的主观幸福感，积极引导孩子的健康发展。

其次，社会各界包括教育行政部门、社会、大众媒体等都要高度重视大学生的心理健康教育，充分体现积极心理学理念下的人文关怀和科学精神，更多地从智慧、勇气、仁爱、公正、节制、卓越等积极层面去激发他们的青春活力和正能量，培养他们感恩社会、奉献社会的精神，鼓励他们积极适应社会环境。

二、大学生自身方面

(一)树立符合实际的奋斗目标

大学生要摆脱心理上的困惑,就要为自己设定一个远大的目标。当然,目标并非越大越好,大到做不到,目标本身就失去了价值和意义。设立的目标,应既要有能达到的把握,又存在适度的风险;既能通过自己的努力实现,又能在实现后使自己感到满意。

(二)了解自我,悦纳自我

第一,学会多方面、多途径了解自己,不盲目自信,也不妄自菲薄。

第二,学会从周围获悉对自我的真实反馈。如果学生对于从周围同伴获取的有关自我的信息不能正确分析,就会造成自我认识误差,不能客观、正确地了解自我。

第三,学会从社会生活经验中去了解自我。积极参加各种社会实践活动,在实践中锻炼自己的能力,并扩大自己的社会接触面,积累经验,增加自我了解。

第四,热爱生活。五彩缤纷的生活是快乐的源泉,大学生不要用不切实际的标准来奢求生活,而要用合理的标准来对待生活、看待自己,做到"知足常乐",唯有如此,才能保持心情的舒畅和精神的振奋。

第五,避免用唯一标准来衡量自己。"金无足赤,人无完人",每个人都不是十全十美的,要正确对待得与失,以免引起不必要的自卑和自我否定的情绪。

(三)学会管理和调整情绪

培养乐观主义精神。积极乐观的精神能促使人保持良好的情绪状态,从而轻松、从容地应对生活。

合理宣泄不良情绪。利用或创造某种条件,以合理的方式把压抑的情绪倾诉和表达出来,以减轻或消除心理压力,稳定情绪。宣泄是一种释放,宣泄的过程也是进行心理自我调整的过程。宣泄是治愈心理问题最重要的环节,良好的宣泄能使心理困扰好一半,大学生可以采取倾诉、书写、运动、哭泣或喊叫等方式进行合理宣泄。

（四）运用积极的心理防御机制

心理防御机制是指个体面临挫折或冲突的紧张情境时，在其内部心理活动中具有的自觉或不自觉地解脱烦恼、减轻内心不安，以恢复心理平衡与稳定的一种适应性倾向。常用的心理防御机制包括积极的和消极的两类。积极的心理防御机制可使大学生心理挫折得到一定缓冲的同时，还可能表现出自信、愉快、进取的倾向，从而有助于大学生战胜挫折；消极的心理防御机制只能暂时稳定情绪，不能从根本上解决自己的心理困惑，只能暂时使用，不能长期依赖。

第二章

大学生的自我意识

每一位大学生都希望自己能够成才,因此都有着自我教育的动机,都有进行自我评价的能力,都能够采用各种手段激励自我,但是他们却很难正确地认识自己,并没有找到正确的自我教育的方法,自我教育的效果非常差。因此,对大学生的自我意识展开研究,可以帮助大学生对自己有更客观、更公正的认识,从而有效地展开自我教育,不断完善自我。

第一节　自我意识概述

一、自我意识的概念

中国有句谚语,"人贵有自知之明"。古希腊雅典的德尔斐神庙中,有一块碑石上刻着"认识你自己"。这充分说明对自己的认识与了解是古今中外的一个永恒的主题。几千年来,人类一直在认识自己、了解自己和发展自己。我们每个人都是人类历史长河中的一颗微小的沙粒。尽管并不是每个人都潜心于研究人类的历史和未来,但了解和认识每个人的自我却具有非常重要的实际意义。只有了解和认识自我,才能适应变化多端的现代社会；只有了解和认识自我，才能更好地发展自己，创造美好的明天。所谓自我意识，是指个体对自己的各种身心状态的认识、体验和愿望，以及对自己与周围环境之间的关系的认识、体验和愿望。在这里，自我意识和自我是同义词，包括了躯体、生理和心理活动，个性特点和心理品质，与他人的关系等。

二、自我意识的结构

自我意识是一个多维度、多层次的心理活动系统。自我意识从内容上可分为生理自我、社会自我、心理自我。生理自我是对自己生理上的内部与外部状态的意识反应。比如，对自身身高、体重、肤色、形体、容貌、体魄和健康状况的认识等，在功能上对其具有占有感、支配感和爱护感。社会自我是对自己与他人的社会关系状态的意识，主要包括自己的社会角色和地位、所承担的社会义务和权利的意识感等。心理自我是对自己心理活动的状态的意识，主要表现在对其智能、情感意志、能力、气质、性格、需要动机及价值观等方面的认识。

自我意识从构成要素上可分为知、情、意三维度与若干层次。知，即自我认识，包括自我感觉、自我观察、自我观念、自我分析和自我评价；情，即自我体验，包括自我感受、自爱、自尊、自恃、自卑、责任感、义务感和优越感等；意，即自我意志，包括自立、自强、自制、自信、自控、自卫、自律等。

自我意识从观念上可分为现实自我、投射自我、理想自我。现实自我，是对自我现实存在的实际状况的意识；投射自我，是指自己以想象中的他人来认识自我的一种意识；理想自我，是凭自己设想中的自我形象来认识自己，是目标中的我，是对自己现实的观感，是一种现实自我的主观幻想化，它是同现实自我有一定区别的。

自我意识从主观与客观关系上可分为个人自我与社会自我。个人自我又称"私我意识"，是一种个体觉察到自我中不被别人所了解的方面的心理状态，属于个人隐私的一部分。社会自我又称"公我意识"，是指对个体自我的一种外表的觉察。

另外，从社会文化的角度还可将自我意识分为"小我"与"大我"。弗洛伊德把人的意识分为本我、自我和超我："本我"，即原始形态的"我"，遵循快乐的原则；"自我"，即能较真实地意识到的"我"，其遵循现实的原则；"超我"，是指在现实中升华了的"我"，其遵循道德的原则。

三、自我意识的作用

自我意识对个体发展，尤其是心理健康发展来说是十分重要的，其作用主要体现在以下几方面。

（一）自我意识影响个体对未来的期待

个体在自我意识的基础上形成对自己的期望，并且在自我意识的基础上选择今后的行为。心理学研究表明，自我意识影响人们自我期待的水平，自我期待的水平在一定程度上又会影响自我学习的最终结果。心理学上将这种作用称为"自验预言"，即由一定的自我意识引发的期望，使人们倾向于运用可以使这种期望得以实现的行为方式的心理现象。

（二）自我意识影响个体对经验的解释

即使是面对相同的经验，不同的人可能也会有不同的解释。而选取何种解释方式则取决于一个人的自我意识。如果一个人认识到自己的能力水平一般，那么在他取得了较大的成功之后，他就会表现得十分高兴和满足；而如果一个人认识到自己有较高的能力水平，那么在他取得了与之前那个能力水平一般的人相同的成绩后，他就会觉得自己的水平并没有发挥出来，此时他的内心就会充满沮丧。事实证明，当个人的既有自我意识呈消极状态时，每一种经验都会与消极的自我评价联系在一起；而如果自我概念是积极的，每一种经验都可能被赋予积极的含义。

（三）自我意识使个体的活动具有一致性、共同性和独特性

从个体自身的角度来说，个体活动是具有一致性的。比如，有人认为经商是要讲究诚信的，那么不管在什么买卖场合，他都会遵守自己诚信的信条，否则就会有一种不安和犯罪感。

当个体的活动出现问题，可能预期会有惩罚时，个体总要寻求与其他个体活动的共同性。

个体不希望自己和他人处处一样，这样自己的个性就体现不出来，因此自我总是要寻求自己活动的独特性。

（四）良好的自我意识会提高个体的认识能力

由于受到多方面条件的制约，人们在实现"理想自我"的时候总是会遇到这样或者那样的困难，致使个体产生不同程度的挫折感。这时，自我意识就会把人的心理活动客观地反映出来，人就会对自己的认识、意志、情感、行为等进行反省，找到受挫的主客观原因，并重新定位"理想自我"，使其与"现实自我"趋于统一，这就大大提高了人的认识活动的效能。人们要想实现"理想自我"，充分发挥自己的才能和机智，就要对自我不断地进行认识。通过对自我的认知，人们才能发现之前活动中存在的不足，才能重新调整自己的认知策略，使认知活动更加完善，更加有效。

（五）良好的自我意识会促进意志的发展

一个人要想取得成功，光有目标是不行的，还必须要对自己的行为进行调节和控制，而这种调节和控制则离不开自我意识。自我意识是实现个人监督的重要力量，是实现自我调节的重要前提。自我意识健全的人，在对自我做出正确认识、合理规划的基础上，能够对自己的注意力、情感、行为等加以控制，以实现自己的目标。反之，则碌碌无为，平庸一生。一个人如果能够对自己进行调节和控制，那么他就能很快地适应环境，规范自己的情绪和行为，最终实现自己的目标。

（六）良好的自我意识是心理健康的重要标志

良好的自我意识是心理健康的重要标志。心理健康的人能够充分地认识自己、接受自己，能及时洞察自己的感觉和意图，明白自己需要努力的方向、需要达到的目的。只有客观、准确地认识和了解自我，并对自己持有一种接受和开放的态度，才有可能保持心理健康，才有可能快乐幸福地生活，才有可能充分发挥自己的潜能。反之，则会对个人的身心健康产生不利的影响。

四、健全自我意识的标准

健全的自我意识有以下几条标准。

（一）自我意识统一程度较高，无明显的自我同一性混乱

自我意识完整，各部分联系比较紧密，稳定性和协调性都好。在自我意识的支配下，人的思想行为具有前后一贯性。

（二）对自我的态度是现实的、客观的、公正的

自我意识包括对个体自身和对个体与周边环境的关系的认识、体验。在客观、正确认识的基础上，产生的态度也是符合常理的：对自己的优点、长处感到高兴，对成功感到满足；对自己的缺点、不足感到不安，对失败感到难过。

（三）自我行动的方式被认为是积极的、协调一致的

在自我认识的基础上获取积极的自我体验，并产生积极有效的行动，行为受到自我控制，并与认识、体验协调一致，具有因果关系。

（四）自我与外部世界的关系是和谐一致的或能较快达成一致

在认识自己与周边环境的关系方面，个体同样呈现出自我意识的整合统一，自我认识、自我体验和自我控制三者内部平衡，外部协调一致。

（五）极少自我挫败，较明显的自我激励，自我的发展变化具有积极向上的倾向

经常获得自尊、自信等肯定的自我体验，产生乐观向上的情绪，激励自己不断前进，极少自责、苛求自己而产生失败、挫折的体验。

第二节　大学生自我意识的发展特点

大学生是在一个严密的组织中生活，又处在较高的知识层次上，具有特殊的社会地位，加上生理上已成熟等因素，决定了大学生的自我意识有鲜明的特点。

一、自我独立意识越来越强

我国全日制普通高校的学生,正处在心理自我趋于成熟的阶段。成人感强烈,渴望经济和社会地位上的独立,需要爱情,成家立业的愿望也更强。

（一）大学生独立生活的意识增强

大学生摆脱了家庭的束缚,走出了父母的视野,客观上开始了真正的独立生活,自立意识明显加强。在经济上大学生们争取自主,但大学生仍处在受教育阶段,经济上还依赖于家庭。随着物价上涨,消费水平的提高,高等教育改革后缴纳各种费用的增加,大学生学习期间的花费成为其家庭的重要负担。大学生们为了减轻家庭负担,增加自己的经济来源,寻求经济自主的倾向变得越来越明显。他们积极尝试各种有偿的勤工助学活动,如担任家庭教师,兼职企业或事业单位的职员,参与商业活动,提供其他方面的脑力和体力服务等。

（二）认知上的独立性和主动性增强

大学教育的教学过程有一个显著的特点,就是大学生学习的独立性、自主性、探索性逐步加强,这意味着大学生对教师的依赖性逐步减弱,意味着自己管理自己、自己选择发展方向的意识不断加强,意味着学习上已不满足于对间接知识的学习或被动学习,而是在一定范围内主动自学,重视对直接知识的学习和自我探索。大学生对于教学中的照本宣科、满堂灌总表示不满,常常藐视课堂教学,以批判的态度评价教师的教学。大学生的自我评判意识也有明显增强,他们不轻信别人的经验,他们认为自己能够判断是非,不喜欢说教,逆反心理重,甚至藐视权威。有人评价大学生时认为,他们是不轻信、不盲目、勇于探索的一代。

（三）大学生的成人意识比以往任何时候都强

大学生不仅体验和意识到自己体态上已经是成年人,而且内心中也加重了自我成就感的认知。中、高年级的大学生具有了稳定的成人意识,他们在人格上要求自主、平等和尊重,他们相信自己能够也应该照顾好自己,相信自己有正确决策的能力。他们在决策行动时往往是独立自主的,他们愿意倾听别人的建议,但他人的意见不居于支配地位。他们考虑、分析问题比较全面,决策在很多情况下也是正确的。如在谈恋爱与否、继续深造与否、毕业去向的选择等重大问题的决策时,他们往往是自作主张的。他们常常给父母提建议,与父母讨论天下大事,参与家庭事务的决策;他们要求老师、同学以平等和气的态度对待他们的过失;他们公开地、大胆地恋爱,与老师、家长平等地讨论恋爱问题;他们关心社会的进步和发展,具有社会责任感,主动参与社会活动,对社会事物反应敏锐。

二、自我调控能力增强

大学生在充裕的时间和宽松的环境中学习,他们大多数能较为合理地安排自己的生活和学习,养成良好的生活习惯,保持良好的学习成绩;大多数大学生能通过学习、生活磨炼和自我调节排除心理障碍或使心理达到平衡,身心健康地完成学业。这些说明大学生的自我调控能力增强。这与大学生的知识日益丰富、能力的增强和修养的提高是分不开的。大学生自我调控能力的提高是相对的,在许多场合,大学生又显得比较幼稚和冲动,个别大学生的自我调控能力甚至是很差的。

三、自我认知更加深刻

少年的自我意识突出表现在成人感的萌发和增强,心理上偏重于对自我外在成人形象的体验,模仿的"自我"(我应该像什么人那样)形象突出,偶像崇拜倾向大。青年逐渐地对自己外在成人形象的体验减弱,更加重视对自己内心世界成人形象的体验。大学生文化层次高,对自己内心世界的体验更加敏锐、深刻、丰富。他们所想了解的问题常见的有:我是谁?我怎么样?人是什么?我能成为什么样的人?我想成为什么样的人?突出的是现实的自我(我怎样)、动力的自我(我能成为怎样的人)和理想的自我(我想成为什么样的人),涉及了世界观、人生观和人的价值观。他们能明显地体验到自己情感的波动;有时故意隐瞒自己的动机和观点,以多种人格面对世界;也能常常自省和反思,达到"内部获得"。

大学生更关心自己的发展,注重自我价值的实现。人的自我意识最重要的是表现为对自我发展的自觉意识,达到自我实现,使自己的才能和潜能得到充分发挥。大学生关心自己的发展,重视自我价值的实现,其核心是积极的。大学生有明显的就业意识,非常关心自己的未来。大学生的学习生活是就业前的最后学习阶段,预示着大学生将要走上社会,成为经济上、人格上独立的人,预示着大学生将要成家立业。大学生的学习目标明确,所思所为最终都和自己毕业后的就业和发展联系起来。他们选择专业除了根据自己的爱好、兴趣外,更重要的是根据行业的兴衰、需求来确定的。他们常在脑海里思考着这样一些问题,我想做什么? 我学哪些东西、培养哪些能力更有利于自己未来的发展? 他们常为自己的专业前途忧虑,中、高年级学生还对未来的毕业去向(专业对口、分配地点等)忧虑。他们对自己的未来和发展的关心越来越实际,空洞的理想色彩日趋减退,他们知道社会要求什么、自己在想什么,他们力求使自我能更快更好地适应社会。值得注意的是,对大学生忽视社会条件制约、考虑问题易主观化的倾向应加以教育和正确引导。

四、自我实现的意识越来越显著

我国社会越来越开放,大学生们意识到,开放的社会需要开放的人,同时开放的环境也在促使大学生们走向开放。面对越来越激烈的竞争,大学生自我实现、自我推销的意识越来越明显。在大学里,大学生们积极踊跃地参与各种比赛,利用各种机会展示自己的才华和能力。从一些学校举办的"卡拉 OK"赛、辩论赛等竞赛的报名人数和学生参赛的认真程度看,大学生对展示自我的机会是非常重视的。大学生希望担任学生干部以培养和展示自己的能力的大有人在。大学生中部分人参与经商、为社会提供服务,其部分原因也在于检验自己的能力和表现自我。大学生积极参加社会实践活动正是发现自我、表现自我、完善自我,进而达到自我实现的表现。

第三节　大学生自我意识的误区与自我完善策略

一、大学生自我意识的误区

（一）自我评价方面的偏差

1. 以自我为中心

在自我意识的发展中，一些人表现出以自我为中心，突出表现是凡事从"我"出发，对他人的感受、建议不屑一顾，当愿望不能满足时就会发脾气。那些以自我为中心的学生，想问题和做事情都从自己出发，缺少对客观环境及人际关系的冷静思考和分析，造成在集体的生活环境中适应不良，难以赢得别人的好感，人际关系也会出现问题。

2. 分裂的自我

外在的自我和内在的自我缺乏同一性，即个体物质的我、社会的我、心理的我的各个方面不能彼此相互联系，不能整合成一个完整的自我。内在的我与外在的我的不统一，会导致对自己缺乏信心，对自我不满足和容易自我否定，把目光总盯在自己的缺点、劣势与失误上，遇事心虚胆怯，缺乏自信心，常常出现退缩、逃避等行为表现。

3. 自负的自我

自负即自我膨胀，是一种过度的自信。多数人有较强的自尊心，好强、不甘落后，但如果把握不好度，就会物极必反，导致骄傲、自大、自我膨胀。

（二）自我体验方面的偏差

适度的自尊心和自卑感是个人健康成长中的一种心理品质，同时也是个体自我意识发展的一种表现。这两种表现普遍存在于大学生中，这两种品质只要适度，对大学生就不会产生太大的影响，但如果不适度，就会成为自我体验偏差的表现。

1. 自尊心过强

自尊心是指一个人悦纳并尊重自己,包括责任感、进取心等多种积极的心理品质。自尊心较强的大学生拥有自信,能够努力克服遇到的困难,取得成功,但如果自尊心过强,那么就往往和骄傲、自大联系在一起,拥有过强自尊心的人缺乏自我批评的意识,也受不了别人批评自己,这样的人往往以自我为中心,凡事都考虑自己,不能与人很好地相处,人际关系不和谐。

2. 自卑感过强

自卑感是一种对自己持有否定态度的情感体验,是一种消极的情感体验。自卑感过强的人往往缺乏自信心,凡事都认为自己不行,缺乏主见,遇事从众。在大学期间,优秀的大学生很多,无论是容貌、品德、学习成绩还是人际交往等方面,优秀的人有很多,自己的某一方面无法与这样的学生相比也是很正常的,因为人无完人,但如果因此而贬低自己,无法看到自己拥有的优点,自卑感过强,那么这名大学生无论做什么事情,都注定是失败的。只有认清自己的优缺点,才能树立信心,为自己定好目标,从而朝着目标不断努力。

(三)自我控制方面的偏差

人在现实生活中会不可避免地受到各种欲望的干扰和外界诱惑的侵袭。这个时候能够抵制各种诱惑,主宰自己的行动,是一个人能够成就一番事业的关键。要想抵制诱惑,就需要有符合实际与自身情况的较强的自我控制能力来把握自己的行为。而有一些大学生由于看不到自己的特点和长处,就消极懒惰地混日子,从而影响个人活动潜能的发挥,这是一种不健康的心理状态。有些大学生虽然有追求上进的愿望,但是遇到困难、挫折就消极退缩。还有一些大学生由于对自己缺乏认识,于是会跟着自己的感觉走,看到别人干什么就跟着干什么,然而一个人的精力是有限的,如果主次不分,就容易失去自己的既定目标,失去理想自我,这是一种缺乏目标意识的盲从心理,最终导致的结果是什么都想抓,但什么也抓不着,枉费了宝贵的时间与精力,平添了许多的烦恼。

二、大学生自我完善的策略

（一）正确认识自我

大学生正确地认识自我需要处理好下面三种关系。

1. 我与人的关系

从与他人的交往中可以使自己更好地认识自我，可以说，与他人的交往是个人获得自主观念的重要来源。在与他人的交往中，有自知之明的个体往往能够虚心向他人学习，从中获得可以让自己更好发展的宝贵经验，然后去规划自己的前途。但在与他人的关系中，个人一定要注意比较的参照系。

第一，与别人比较的是行动前的条件，还是行为后的结果？大学生如果认为自己家庭条件不如其他同学好，于是便在与他人相处过程中有自卑情绪，那么自然地就会影响自己与他人相处的状态，大学生应该认识到，家庭条件是自己无法控制的，而大学的学习成绩才是自己可以把握的，所以要努力学习。

第二，比较的对象是与自己条件相类似的人，还是不如自己的人？与不同的对象进行比较会获得不同的效果，所以确立合理的比较对象至关重要。

第三，与别人比较的标准是相对标准还是绝对标准，是可变的标准还是不可变的标准？有的学生与他人进行身材、样貌的比较，这是毫无意义的。

2. 我与己的关系

从我与己的关系中来认识自我，看似很容易，实则是非常困难的。概括来说，我们可以从以下几个"我"中去认识自己。

（1）自己眼中的我

这里所说的自己眼中的我是指自己可以实际观察到的我，包括身材、容貌、性格、年龄、性别、能力等。

（2）别人眼中的我

每个人都需要与社会中的人进行交往，在交往的过程中也可以得到他人对自己的评价，如果他人的评价与自己对自己的评价比较相似，那么就表明自己对自己的认知能力较好,如果他人对自己的评价与自己对自己的评价相差甚远,则说明自我认知可能存在偏差,需要进行一定的调整。但需要注意的是,他人对自己的评价一定要客观、合理才具有参考价值。

（3）自己心中的我

自己心中的我是指自己对自己的期望,即理想我。对于现代大学生来说,虽然有多个"我"可供认识,但形成统合的自我观念比较困难。因为,现代社会的急剧变化,改革开放后的多元价值观等,增加了大学生自我认识的难度。

3. 我与事的关系

在我与事的关系中认识自我,即从做事的经验中了解自己。一般人是通过自己所取得的成果、成就及社会效果来分析自己,但常常受到成败经验的限制。其实任何一种活动都是一种学习,成败得失,其经验的价值因人而异。对聪明又善用智慧的人来说,成功、失败的经验都可以促进再成功,因为他们了解自己,有坚强的人格特征,善于学习,因而可以避免重蹈失败的覆辙;而对于某些自我脆弱的人,失败的经验会再次导致失败,因为他们不能从失败中吸取教训,改变策略,而是在失败后形成恐惧心理;而对于那些自傲自大的人,成功反而可能成为失败之源。因为胜利使他们骄傲自大,这很容易导致失败。因此,一个大学生从成败中获得自我意识时要细加分析。

（二）积极悦纳自我

悦纳自我就是在正确认识和全面评价自我的基础上,欣然接受自我,恰当地评价自我。喜欢并接受自己,具有较高的自我价值感,是发展健康的自我意识的关键。积极愉快地接纳自我是发展健康的自我体验的关键和核心。每个人身上都有闪光点,要接受、喜欢自己,不必苛求自己做个十全十美的人,保持自己的本质,保持独特而又成功的自我。要有乐观、开朗的性情,全面地看待自己的优缺点,接纳自己的不完美,扬长避短,充分发挥自己的潜能。健康的心理要求一个人对自己要保持一种接纳的态度,而且要愉快地接纳自己。概括来说,积极悦纳自我可以做到以下几方面。

1. 要理智、乐观地善待自我

大学生要用全面的、发展的眼光来分析自己,既要看到自己的长处,又要看到自己的不足。要做到胜不骄、败不馁,树立远大的理想和志向,培养开朗的性格和乐观的生活态度。

2. 要坦荡、无条件地接受自我

大学生对于自身存在的而又无法改变的东西都要敢于面对,并欣然地接受;而对于可以改变的缺点,要主动地通过自己的努力去改变。

3. 要正确认识挫折和失败

每个人的一生都会遭遇挫折和失败,但不同的人会有不同的反应。有的大学生对自己的期望过高,总希望自己在各方面都表现很出色,但往往越是这样就越会导致失败;而有的大学生能够从失败中吸取教训,这有助于他们走向成功。

4. 及时调整自我的期望值

自我的期望值是指个体在从事某项实际工作之前估计自我所能达到的成绩目标或水平状态。在现实生活中,自我期望值与实际成就之间总是存在着差距,当自我期望值小于实际成就时,就会体验到成功的喜悦,而当自我期望值大于实际成就时,就会体验到失败的痛苦。大学生既不能树立过高的目标,也不能期望值太低,要把自己的期望与自身的实际情况相结合,学会不断调整和控制自己的期望值,建立一个适度的理想目标,以保证理想的顺利实现。

（三）有效控制自我

自我控制是人主动地改变自己的心理品质、特征及行为的心理过程。大学生要做到有效地控制自我,应注意以下几点。

1. 目标要适宜

由于社会发展的需要,大学生应该树立远大的目标,将自己的目标与社会的发展需要统一起来。但需要注意的是,每个远大目标都是在一个个小目标实现的基础上完成的,为此,大学生也要制定一些小而具体的目标,一步步地实现自己的远大目标。

2. 实现目标要有恒心和信心

任何一个目标的实现,都需要以坚强的毅力作为保证。如对目标认识的自觉性和主动性,实现目标的恒心和毅力,克服困难的信心和决心,对成功的正确态度和较强的挫折耐受性等。大学生的这些心理品质都处在发展过程中,因此,要特别注意增强自我控制的自觉性、主动性,将社会的需要转化为主观上实现理想的内部动机。

3. 进行自我批评

可以从以下几方面来进行自我批评。

第一,进行自我反省,看到自身存在的不足,从而使自己成为更好的自己。

第二,自责。对于某些失败的事情,首先应该从自身寻找原因,以免后期出现同样的后果。

4. 进行自我监督

对自己进行检查、督促,包括以下几方面。

第一,自知,正确评价自己,不卑不亢。

第二,自尊,要有个人自尊心和民族自尊心。

第三,自勉,鼓励自己成为对社会有用的人。

第四,自警,暗示、提醒,克服不良的心理习惯。

5. 进行自我调节

通过自我疏导,使自己从矛盾、苦恼、冲突、自卑中解脱出来,包括以下几方面。

第一,自解,自我疏导,不自寻烦恼,不折磨自己、惩罚自己。

第二,自慰,自我宽慰自己,知足常乐,淡泊名利,承认差距,降低欲望。

第三,自遣,自我消遣,通过其他事情分散或转移注意力,如美食、郊游、看书、书法、绘画等。

第四,自退,设身处地地退一步想,退一步海阔天空,降低标准,转移方向,另辟蹊径。

第三章

大学生适应心理

适应是个体与环境之间产生的互动关系,个体在与环境进行作用的过程中,通过对自我身心状态展开调整,使得身心与现实环境呈现和谐的局面,从而对环境加以认识,对环境进行改善。大学生从他们踏入大学校门之日起,就会遇到各种需要适应的问题。他们首先要实现从高中到大学的转折,从心理上逐渐适应大学生活。等到他们适应大学生活之后,他们即将面临毕业,走上职业岗位,就会面临更大的挫折。很多人在面对挫折的时候缺乏心理准备,不知道从何准备,这不仅对个人的前程产生影响,还会对社会的发展产生影响。因此,本书就对大学生适应问题展开分析,从而帮助大学生顺利度过大学生活。

第一节 适应概述

一、适应及大学生心理适应

适应,原为生物学术语,是指生物体根据环境条件改变自身,协调自身与环境关系使之一致的现象。大学新生心理适应是指刚进入大学的学生脱离原来熟悉的生活环境,进入大学新环境的过程中,根据环境的变化,积极调整自己的心理与行为,顺利进行角色转换,实现与新环境的平衡。

心理学用适应表示机体对刺激和环境变化所做出的反应。例如,对光、热、气味、声音等变化的适应,人对社会环境变化而在行为上出现的相应改变等。著名儿童心理学家让·皮亚杰在研究儿童心理发展之后认为,智慧的本质从生物学来说是一种适应,适应既可以是一种过程,也可以是一种状态。由于周围的环境在不断运动变化,而机体要正常地生存和发展,就一定要在活动中与环境保持平衡一致,即不断地适应。如果不能适应,机体就很难生活和生存下去。这说明所有生命和有机体都以适应作为其生活和生存的条件和任务,正如生物学家达尔文所指出的那样,"适者生存"。

二、大学生适应的内容

相较于中学时期的纯粹学习生活,大学生活有了不少新的变化。正是这些新的变化,给正在成长和转型中的大学生提出了诸多挑战,使他们面临适应大学生活的新问题。概括来说,大学生活中的新变化主要包括以下几方面。

（一）生活环境的变化

中学时期大部分学生就近上学,在家吃住,生活方面的许多事情由家长料理。上大学后,过上了集体生活,生活独立性大大增强,校园及周边的文化环境和各种信息对大学生必然带来不同程度的影响和冲击。大学生会面临远离父母自己料理生活、集体住宿自己安排作息、生活消费自己计划开支、看病买药自己判断做主、出门办事自己应对困难等新的变化。

（二）自身角色的变化

自身角色的变化主要表现在以下两个方面。

1. 从家庭角色到社会角色的转变

进入大学之前,家庭角色在大部分学生的生活中占主导地位。走读的学生日日生活在家庭之中,非走读生也不过十天半月就可回家一次。

然而进入大学之后,大部分学生在异地求学,与家庭的紧密联系逐渐被削弱,校园生活、社会生活成为其生活的主要部分。那个以往被父母、长辈保护着的"孩子"开始告别依赖,走向独立。

2. 从中心角色到普通角色的变化

我国大多数大学面向全国招生。许多新生入学之后会发现,班级中的同学来自五湖四海,也许每个人在过去都是家长的掌上明珠,是同龄人中的佼佼者,但是,跨入大学校门后,学习成绩、综合素质比自己优秀的大有人在,很多同学在中学时期的辉煌和优势不再显现。当初众星捧月的优越感已然无存,这就引发了一系列的不平衡,如在人际交往中不知所措、心理有落差感等。

(三)学习方面的变化

大学阶段的学习和中学相比发生了很大变化,具有新的特点。

1. 学习任务的变化

中学教育的培养任务是使学生在德、智、体、美、劳诸方面全面发展,为升入高一级学校打下良好基础。大学不仅注重学生的全面发展,还注重学生的能力、素质的培养。大学生没有升学任务,他们追求的主要目标是获取知识、掌握技能、发展能力、增强素质,成为能适应某种职业的专业人才。这是由大学的教育目标不同于中学的教育目标所决定的。

2. 学习内容的变化

学习内容从固定知识向专业技能转变。大学的学习不仅在学习教育的主导方式上由被动学习转变为主动学习,在学习内容上也发生了很大变化。中学时期,在应试教育的主导下,学习的主要内容为固定的书本知识,而进入大学后,学生面对的是一个学科,学习更注重专业性,需要学生在大量观点及理论研究成果的基础上有计划性、针对性地进行研究性学习,习得专业技能,提出自己的观点,培养科学研究的能力,甚至有所创新。

3. 学习方式的变化

大学生的学习方式主要有以下特点。

（1）教师讲授时间少，学生自修时间增多。大学里更注重学生自学能力的培养，教师辅导得也较少，业余时间由学生自己支配。教师不再牵着学生走，而是引着学生走。在中学时，学生几乎完全受制于教师，而且教师几乎整天在课堂围着学生转。大学教师讲课方式非常灵活。教学方式的"自由"必然带来学生学习方式的自由，而学习方式的自由并非意味着可以放松，它要求学生树立起自我识别、自我选择、自我控制、自我钻研、自我评价的自主学习观念，不断激发自我求知欲、探索欲、创造欲，掌握各种学习渠道和手段，实现学习的自我管理。

（2）作业分量减少，布置作业是让学生自己思考，自己总结，要求学生能充分利用学校的学习资源查询资料，培养学生的独立思考能力和科研意识。

（3）考核方式灵活，考核次数减少，会根据各学科、各专业的特点采取考试、考查或做作业、写论文等方式，学生的学业负担便相应降低。

（四）人际关系的变化

进入大学之后，学生的人际关系发生了较大的变化，在中学时期，学生的人际关系相对简单，通常只有同学关系、师生关系以及与亲人之间的关系，而进入大学之后，复杂的环境要求大学生必须要与周围人建立起良好的人际关系。概括来说，与中学时代相比，大学生的人际关系主要发生了以下几方面的变化。

1.人际交往的对象发生了变化

中学时代的人际交往对象主要有同学、教师、亲人，而进入大学后，由于生活领域的扩大，他们的人际交往对象有同学、教师、异性朋友，有时还需要和社会中的人建立一定的人际关系。另外，从各地来的大学生他们素昧平生而被分配到了一个宿舍中生活，他们的脾性、生活习惯等各不相同，很多大学生出现了不适应的情况。

2.人际交往的要求发生了变化

进入大学后，面对新的交往对象，大学生要独自运用自己的方式去进行人际交往，大学时代的人际交往社会性逐渐提高，大学生们由于生活在了一个新的环境中，所以他们迫切需要建立新的人际关系。但很多大学生由于缺乏人际交往的技巧，经常出现人际交往问题，这些问题如果处理不好,会对大学生的身心健康造成不良影响。

(五)发展目标的变化

在中学时期,学生的发展目标比较单一,即考入自己理想中的大学,他们都在努力朝着自己的目标不断努力。但进入大学之后,大学生的发展目标不是那么明确的,也不唯一,家长和教师也不再为大学生指明明确的方向,良好人格的塑造和综合素质的培养成为大学时期主要的发展目标,大学生可以根据自己的意愿而将工作、考研或是出国作为自己的发展目标,并朝着自己的目标不断努力,做好规划,根据不同的目标做不同的准备。

(六)管理环境的变化

相对于中学时期在学校有老师的严格管理,事事由老师安排,在家有家长的严密监督,大学阶段则更强调学生自我管理、自我教育、自我服务和自我约束,许多活动都要由学生自己组织。总体来说,大学的管理氛围是外松内紧的。所谓外松内紧,主要是指大学生中的各种管理就其形式来说看起来很轻松,有一定的自由度,但其实质上更为严格。这种严格不仅来自他律,更重要的是来自自律。中学时代也有压力,也可以感受到学校的管理,但是这种管理是外力型的。同时,大学的教学管理和生活管理也与中学阶段有了很大的差异。大学的教师不像中学的教师那样管得具体、细致,大学辅导员虽然也关心学生的日常生活、起居事宜等,但是他们的职责更多的是通过指导、组织学生开展多种多样的活动,培养与发展学生自立、自主、自理的精神。

第二节　大学新生常见的适应心理问题

一、学习适应不良

大学生学习适应不良主要表现在学习动机缺乏、考试焦虑、学习方法不当三方面。

（一）学习动机缺乏

我们经常看到这样的现象，一些中学时勤奋刻苦的学生在进入大学后，整个人便松懈下来，躺在"60分万岁"的旗帜下无所事事；有的人也想把学习搞好，但又总提不起劲，拿起书便觉得厌倦，这便是学习动机缺乏。学习动机缺乏的表现有如下几点。

（1）懒惰行为。不愿上课，不愿动脑筋，不完成作业，贪玩。学习上拖拉、散漫、怕苦怕累，并经常为自己的懒惰行为找借口。

（2）容易分心。表现为注意力差，不能专心听课，不能集中思考，兴趣容易转移。学习肤浅，满足于一知半解。行动忽冷忽热，情绪忽高忽低。

（3）厌倦情绪。表现为对学习冷淡、畏缩，常感厌倦，对学校与班级生活感到无聊。学习中无精打采，很少享受到学习成功带来的快乐。

（4）缺乏方法。表现为把学习看成是奉命的、被迫的苦差事，因此不愿积极寻求一些适合自己的学习方法，满足于死记硬背，应付考试。由于缺乏正确而灵活的学习策略和方法，所以往往不能适应新的学习情景。

（5）独立性差。表现为在学习上没有明确的目标，学习行为往往表现出从众与依附性，随大流，极少有独立性和创造性。

（二）考试焦虑

就多数人来说，面临重要的或关键性的考试总会有一些心理压力，产生一定程度的考试焦虑，这是不可避免的，也是无害的，但严重的考试焦虑则对学习具有极大的危害，并且威胁着人的身心健康，表现如下。

（1）过度考试焦虑易分散注意力。干扰回忆过程，阻碍思维过程，造成考试能力的下降。

（2）过度考试焦虑对心理健康产生危害。这使人情绪难以稳定，终日焦躁不安，或郁郁不乐；严重者还会走上自伤的道路。

（3）过度考试焦虑对身体健康产生危害。过度考试焦虑的长期持续，可导致大脑神经活动兴奋与抑制功能失调，形成多种类型的神经症精神疾病。另外，易导致如冠心病、胃溃疡、胃炎、甲状腺功能亢进等疾病。

（三）学习方法不当

学习方法不当的主要表现如下。

（1）学习无计划，看什么，做什么，学什么，心中无数，整天忙于被动应付作业和考试，缺乏主动的计划安排。

（2）不会科学利用时间，加班加点但忙不到点上，效果不佳，或平时不抓紧，临考试手忙脚乱。

（3）不求甚解，死记硬背。

（4）不能形成知识结构，没有使所学知识形成有序的框架结构，形成系统化。

（5）不会听课，课前不预习，课上开小差，不记笔记，或充当录音机角色，全记上，课后不及时复习总结。

（6）不会阅读，不善于选择阅读书目，无阅读重点，无阅读方法。

（7）抓不住学习上的重点和难点。

（8）不善于把理论与实践相结合，不会学以致用。

（9）不善于科学用脑，不注意劳逸结合。

二、社交适应不良

社交是人们在日常生活及社会实践中互相交流思想感情、意见的过程，是人与人互相接触、进行精神与物质沟通的过程，也可以说是交换信息的过程。社交障碍主要是指在社会生活中，人际关系适应能力低下，人际交流困难，属于心理不健康的表现，但尚未发展到心理疾病。

社交适应不良是当前大学生经常出现的问题，但大多数是轻度的障碍。轻度社交障碍是社会适应水平低下的表现，不能视为心理障碍，只有严重的社交障碍者才属于心理缺陷。大学生社交适应不良主要表现在以下几方面。

（1）缺乏人与人之间接触交谈等主动交流的心理能力。对于陌生人，尤其异性，表现出害羞、主动回避和退缩现象。在人前面红耳赤、目光紧张、心跳加快、讲话吞吞吐吐，难以自我控制等。

（2）在学校里上课不敢提问发言。除了要好的同学外，与大多数同学很少交往接触，常常独自活动，远离人群。看到老师会绕道而行，尽量回避学校集体活动。

（3）通常他们的性格表现为内向、文静、胆小、多虑、不合群。

（4）智力不低，工作和学习能力并不减退，有时还超过一般人。除了社交和情感障碍外，无其他心理行为异常表现，不影响日常生活。

社交适应不良的学生有些是从小性格内向，缺少交往，不善交际，以至对社交顾虑重重，常怀有胆怯心理。也有些学生是自尊心强、做事力求有绝对把握才行，所以不敢冒半点风险，因而老是受环境和别人言行的支配，缺乏主动性，久而久之更羞于与人接触。还有一些学生则是由于多次遇到交往方面的挫折，如失恋、当众出丑等，于是变得胆怯怕生、消极被动。这些问题都是后天形成的，也是可以改变的，这除了有赖于一定的外界环境条件之外，最主要的还是取决于大学生自己主观的努力。

三、角色与环境适应不良

大学生在对角色与环境的适应中，由于缺乏生活经验和自理能力较差、生活习惯和价值观的反差较大、对现实生活过分理想化、学习及人际关系方面的挫折等原因，往往可能出现消极、悲观、孤独、压抑、失望、烦恼等不良的反应，严重的会形成心理障碍或心理疾病。

（一）理想与现实的差异导致困惑失望

很多大学生在入学之前，都把大学生活想象得完美无缺，如高效率的学习生活、生动活泼的课外活动、有意义的社会实践和高素养的人际交往等。有的甚至把高校想象为"理想的世界""青年生活的乐园"。也就是说，他们对大学生活抱有不切实际的幻想和过高的期望值，而对高校艰苦的学习和简朴的生活则缺乏必要的思想准备。当进入大学之后，就会发现现实生活中有许多不完善和不尽如人意之处，与期望形成强烈的反差，从而使他们困惑、迷惘，产生了失望感，情绪消极、低落。理想与现实的差异还表现在专业学习方面。未入大学之前，许多学生都把自己所学的专业想象得很有趣，认为自己选报的专业完全符合自己的需要。但当入学之后，特别是学习一段时间之后，发现自己的专业并非如原来想象的一般，于是不安心学习本专业课程，甚至对自己的专业产生了反感和厌恶情绪。一位报考工科专业的大学生入学一年后，发现自己最感兴趣的实际上是文学知识。由于专业的限制不能调到文学专业，只好硬着头皮留在工科专业,虽经不懈努力,成绩仍然平平。最终由于产生失望导致患上严重的情绪障碍。

（二）角色地位的改变导致认知失调

大学生的失落感和自卑情绪,实际上主要是由过低的自我认知造成的。因为此时整个社会依然把他们视为优秀人才或胜利者。失落感和自卑情绪不仅影响大学生的学习和工作效率,而且影响人际交往,使良好的人际关系产生裂缝。失落感和自卑情绪还使大学生在集体活动中消极逃避,自尊受到伤害,严重降低了心理健康的水平。

（三）人际关系适应不良导致孤独压抑

中学生与别人交往的范围较窄,机会较少,交往经验相当缺乏。进入大学之后,他们面对许多陌生的人和新鲜的事,需要重新认识他人,结交朋友,建立新的人际关系。研究表明,大学生对新的人际关系的适应远比对学习和生活环境的适应困难。特别是在与周围的同学进行交往时,适应不良的现象更为常见。如因缺乏经验和技巧而不善交往;担心别人轻视自己而不愿交往;与异性同学不敢交往;由于性格内向而不会交往等。人际交往适应不良的大学生往往难以与他人沟通,造成人际关系障碍,并由此使他们感到十分孤独和压抑。

孤独和压抑感的产生与处于青年期的大学生的心理发展特点有很大关系。大学新生由于自我意识的发展,进一步发现了自己的内心世界。从自己的内心世界中,他们不仅更深刻地了解了自我,而且认识到自我与他人的心理差异,意识到自我的独特之处,并产生了新的自我期待。这种期待表现为:他们渴望与人交往,希望了解他人的内心世界,以弥补自己之不足,并产生了被同龄人、社会接受的强烈的心理需求。一旦人际交往适应不良或人际关系发生障碍,这种需求得不到满足时,就会感到自我期待无处寄托,随之便会产生孤独和压抑的情绪,表现为郁郁寡欢,孤僻古怪。这些特点又往往令人不敢接近,因而更加深了他们的孤独压抑感。如此恶性循环,使有些大学生产生了严重的心理问题和障碍。

（四）"自由"的学习生活导致空虚烦恼

大学比中学更"自由",如课堂教学时间安排比中学少了,大多数自习和课余时间完全由学生自由支配；由于教学方式灵活多样，学生在"怎样学"的问题上也相应地自由，即可以根据教学内容和自己的特点自由地选择学习方式；由于大学是一个信息密集并交互作用的地方，政治、经济、科技、文化和其他各种信息在这里传播，这使大学生可以在"自由"的时间里"自由"地摄取信息；由于父母不在身旁，新生开始走上独立生活的道路，于是他们在花钱上也比中学"自由"了。大学生在学习生活中的种种"自由"，对于大学生独立性和创造性思维的培养都具有积极的意义，但是，"自由"也就意味着一切要靠自己去安排，一切都要靠自己去开创。而这种安排和开创却不是人人都能做到的，不少人在"自由"面前不能适应，变得无所事事，空虚无聊；或者变得手足无措，产生忧虑烦恼。

四、其他矛盾

（一）自豪感与自卑感的矛盾

考入大学深造的学生，一般都带有某种喜悦和自豪感。但进入大学后不久，马上发现理想中的世界并不存在。由于多数新生对大学生活不适应的思想准备不充足，一有挫折，那种盲目的自豪感、自信感、优越感，也就随之消失，转而产生了自卑感和焦虑情绪。

每个大学生迈入大学之后，由于学习环境和学习方式的变化，需要他们调节自己与环境的关系，调整自己所处的位置，达到"角色转换"。在社会生活日新月异的时代，在充满挑战的大学城，自卑者只有走"超越自卑"的道路，才不致成为时代的"弃儿"和大学城里的"乞丐"。面对新的竞争，应下定决心，想方设法克服困难，坚定地赶上去，做一个强者。

（二）强烈的求知欲与认识水平有限的矛盾

大学是一个信息密集并具有交汇作用的地方，政治信息、经济信息、科技信息、文化信息、专业信息及其他各种信息在这里传播着，这使大学新生从原先的信息封闭状态跃进到信息的开放状态，从读书的不自由到自由、从书籍的匮乏到书籍的丰富，这一切给他们带来了巨大的喜悦。对他们产生了强大的诱惑力，同时更进一步地激起了他们强烈的求知欲望。

但是，由于大学生的认识水平有限，思想方法比较简单。往往对所接触作品观点的真与伪、精华与糟粕难以作出正确的分辨。如有的学生在读西方哲学书籍时,总是把比较新鲜的,或者符合自己观点的视为真理,甚至用以指导自己的思想和行动。有些人根据个人的喜好随意地读书,不管书的内容是否与他的专业有关,是否对他有益,只要适合自己胃口的便拼命地读,不合自己胃口的便不加分析地排斥。近年来,在大学生中不论是高年级还是低年级,在阅读书刊中把"糟粕"当"精华"吸收的大有人在,这影响了他们的情绪,影响了他们的心理健康。

(三)理想与现实的矛盾

很多大学生入学前,都把大学生活想象得完美无缺:高效率的学习,生动活泼的课外活动,有意义的社会实践,有朝气的社会交际等。有的甚至把大学想象为"理想的天堂""生活的乐园"。对大学艰苦的学习和朴素的生活,则缺乏必要的思想准备。但进校一段时间后,理想的"天堂"变成了"人间"的现实,情绪急剧下降,失望感伴随而来。

在未入大学前,每个人都希望所学的专业能与个人的需要相吻合,同时也把自己所学的专业想象得很有趣。当现实与他们的理想冲突时,他们就情绪低落,不安心学习。有一些人因为不喜欢所学专业,就会产生"进对了大门,走错了小门"等想法。

第三节　大学新生适应的心理辅导

一、学习障碍的调节

(一)增强学习动机

增强学习动机的方法如下。

1.明确学习意义

多参加一些社会实践活动,了解国情、民情,了解本专业能够对国家做出的贡献,并在实践中运用知识、发现问题,这样才会增强学习动机。此外,可通过查阅资料,找出自己所学专业与社会需要的关系,逐一记录,整理成"专业知识动机表",经常翻阅,以强化学习动机。

2.培养学科兴趣

首先,明确这一学科的社会意义和专业意义,认识它对自己的专业学习、品行修养等的影响;其次,要带着问题去学。抓住本学科中一些无定论的、有争议的问题,多方搜集资料,独立思考,提出自己的看法,从而对专业产生强烈兴趣。

3.建立课程学习目标

可以用表格的形式设置如下栏目:课程名称、性质、学时、主要内容、知识学习的目标、技巧方面的目标、能力培养的目标等,依次填入,经常阅读。这不仅能增强学习动机,还有利于形成完整的知识结构,并使自己成为学习的真正主宰。

(二)学会主动学习和自学

大一新生要逐步学会主动学习以及学会自学。具体而言,应注重提高以下几个方面的能力。

1.健康的心理素质

大学生毕业后从事的很多职业都需要和人打交道。所以,只有个性积极向上、乐观自信、活泼开朗,善于与人交流和沟通,才有亲和力和好人缘,才能适应各项工作的要求。相反,如果个性消极低沉、不善于与人交流和沟通,则不容易受人欢迎,也会影响就业和工作的开展。因此,大学生一定要把培养健康的心理素质作为一项重要的任务来完成。

2.扎实的专业基础

在大学时期,大学生要努力提高自己的综合学习能力,还要正确对待专业课、公共课和选修课。对专业课的学习,应目标明确具体,主动克服各种学习困难,不断提高学习兴趣。用人单位通常是按照所在行业的专业特点选拔大学毕业生,因此,反映在个人履历表中的大学所学专业课成绩的优良程度,就成了又一项重要的量才标准了。

3. 正确的学习方式

大学的学习方式以自学为主,往往是教师领进门,做启发性的指导和答疑解惑,大量的时间要靠大学生自己去支配和决策,什么时间应该学习什么,应该花费多长时间学习课堂知识,又应该用多长时间自己去查阅资料、补充笔记和课余思考。在实施学分制的学校,学生还可以根据自己的学习能力和时间安排,自我确定学习的相关内容和课程。因此,大学生都应该养成制订学习时间表、学习计划及学习效果评估表等良好的学习方式。

4. 丰富的基础知识

大学生在校学习的往往是某一门专业的学科知识,因此,学生既要有扎实的专业基础知识,又要有邻近专业的相关知识;既要有理科方面的数理逻辑知识,又要有文科方面的文化历史知识;既要有熟练的计算机操作技术,又要有流畅的外语口语表达能力。像这样能做到一专多能、文理兼容的复合型人才非常受欢迎。

5. 良好的语言表达能力

语言表达能力是现代人才必备的基本素质之一。在现代社会,由于经济的迅猛发展,人们之间的交往日益频繁,语言表达能力的重要性也日益增强,好口才越来越被认为是现代人所应具有的必备能力。因此,大学生一定要注意自己语言表达能力的培养。

6. 较强的动手能力

动手能力也叫实践操作能力,是从事任何一种专业性工作必备的素质。如果只是会背书本上的概念和理论,不会解决实际问题,就无法胜任工作。因此,大学生一定要克服只重理论知识而轻实践操作的观念。

二、社交障碍的调节

(一)培养良好的心理品质

1. 要增强自信,消除自卑

一个人一旦失去了自信,他便在交往中显得茫然不知所措,虽然内心也有渴求交往对象理解的需要,但总是担心,害怕受到拒绝和耻笑,进而自我贬低。只有树立完全的自信,才能在精神和肌肉上都有所放松,从而显得坦然自若,沉着镇定。

2.不要过多计较别人的评论

当事者须认清恐惧是一种心态,不要轻信主观感受,不要浪费时间去揣测别人对自己的态度。每个人为人处世受到别人的评论是很正常的事,不必过于看重。人家评论,不论是肯定的,还是否定的,都应看成是对自己的一种促进,应以此为动力。

3.学会通过暗示来控制自己的情绪

当在一个陌生的场合,自感有可能紧张、羞怯时,应暗示自己这正是锻炼自己的一个好机会,自己一定能成功,从而建立胜利的信心,使自己能镇定下来。心理学表明,一个非常害羞的人,当他在陌生人面前勇敢地讲出第一句话,随之而来的就不再是羞怯,而是更加勇敢地表达自己。

(二)及时排除社交障碍

在交往中遇到困难,出现不适心理就应调动内在力量去努力克服,有四种方法可供参考。

1.相同对比法

在出现社交障碍时,可以这样想:别人开始时也跟我差不多,也都会感到紧张,不管什么事,刚开始都不见得能做好,大家都一样,未必我就比别人差。这样去想,就能减少紧张和恐惧。

2.不同对比法

当遇到对方在社交方面比你出色时,不要拿自己盲目与对方进行比较,不要妄自菲薄,而可以这样想:他确实不错,但人各有长处,我在这方面不如他,不过在别的方面我也有自己的长处。"梅须逊雪三分白,雪却输梅一段香",明白这个道理,便会变得自信起来。

3.感情接近法

这种办法对于克服与领导、长辈、异性的交往中的恐慌心理有很好的作用。具体做法是,当与他们在一起时,不要过分考虑他们的身份、地位、年龄与性别,而不妨这样考虑:假如他(她)是我的长辈,是我的兄弟姊妹……首先在自己感情上与他们亲近起来,就不拘谨难耐了。

4.“难堪练习法”,或暴露疗法

让社交障碍的人到人群中去,公开表演、唱歌、朗诵或在公共场所叫卖,一次、二次,从易到难,直到恐怖感消失为止。

(三)加强社交训练,学会社交的技巧和策略

训练可由易到难,可在小范围进行,逐步再争取到大庭广众中去说话、在交往之前宜有所准备,因为这样可以改善演讲效果,从而增强自信心。在社交技巧和策略方面,应注意做好以下三点。

1.注意在人际关系中保持“人缘型”心理特征

即要保持尊重人、关心人、乐于助人、真诚待人等心理特征,这是社交技巧和策略的首要心理基础,必须自觉培养。

2.在社交中善于自我心理调节

(1)具有宽宏的胸怀,要有“让人不为丑,饶人不为痴”的大度大量,不为社交中细小矛盾纠缠而斤斤计较。

(2)善于对他人采用安慰和弥合的方法,调解社交矛盾,使之恢复心理平衡。随后根据不同的心理特点,做好深入细致的工作。安慰是对矛盾冲突进行想方设法地劝解和抚慰,使对方消气,暂不评论是非,以后慢慢加以开导;弥合是劝慰调和,互让互谅,求大同存小异,不使矛盾激化。

(3)充分了解对方的心理特点,交谈时做好心理准备,采取适当的处理策略。例如:对自尊心强的人,尽量不要直接反驳他的意见,以免发生冲突,以迂回曲折代替单刀直入。对抑郁型的人要给予更多的劝慰、支持和鼓励。

(4)要培养善于观察别人的真实需求和情感反应的素质,善于站在别人的立场上,多替他人着想。

3. 自觉改正不良习惯,培养良好社交风度

影响一个人社交风度的不良习惯主要有语言、行为和品性三个方面,因此必须注意做好如下几点。

（1）好的语言习惯：说话和气、文雅、谦逊、富有幽默感；不良社交习惯则表现为言辞粗俗、盛气凌人、暴躁生硬、不能与人为善。

（2）好的行为习惯：端庄正直,具有稳定感；行走从容不迫,快慢自然,稳健轻松；坐时自然,文明。

（3）好的品性：热情开朗,机智敏锐；既不自卑,也不傲慢。改变不良习惯在于坚持,并要善于观察周围好的榜样,自觉模仿实践,经常请别人督促、提醒。

（四）建立和谐人际关系

人际关系也是造成大一新生困惑的一大原因。由于大学同学来自五湖四海,地区的差异使他们在思想观念、价值标准、生活方式和生活习惯等方面存在差异,在遇到实际问题时也容易发生冲突。大学生可以从以下几个方面着手处理好人际关系。

1. 培养自信,友好交往

在社会交往中,那些主动去接纳别人的人,在人际关系上较为自信。某些大学生之所以不能采取主动交往的方式,主要是因为缺乏自信,担心遭到拒绝,担心别人不会像自己期望的那样理解、应答,从而使自己处于窘迫的局面,伤害了自己的自尊。事实上,人一生下来就是社会性的,人际交往是相互的,交往的过程,实际上是相互适应的过程,人际关系中,双方都需要适应,需要人际关系支持。

2. 相互理解,学会批评

每个人都是要面子的,所以不要轻易去批评他人,但当他人损害了我们的利益时,需要指出,使其改正。需要注意的是,批评也是要讲究技巧的,要想达到批评的效果,就必须减少对方的防卫心理,如果对方出现了防卫心理,就有可能出现下列几种情况。

第一,如果是在公共场合下,对方很可能首先意识到的是自己的自尊受到了损害,而不是自己对别人已经犯下了错误。

第二,涉及人格与能力的时候,比起一些具体的言行来,人们往往更看重自身的人格和能力。

第三,涉及既往的事件,一两件事可能是偶然的情况,但许多事件就可能是人品的问题,所以,翻旧账就等于在贬低对方的人品。

因此,在批评的时候,要记住,尽量不要在公共场合,要对事不对人,不要翻陈年旧账。

如果在欣赏与感谢对方某种好的品质的基础上再提出善意的批评,效果会更好。

3. 赞赏别人,注意倾听

在大学里,很多大学生由于容貌、见识、家庭环境等会出现一定的自卑感,他们需要得到同伴的认同和鼓励,一句发自真心的赞美可能会使他们非常高兴,自信心也会得到极大提高。真心真意地赞美他人可以增进彼此之间的友谊,对形成良好的人际关系至关重要。

认真倾听对方的话语,对方可以感受到你的尊重,倾听有助于我们从他人的言语中学到一些有益的知识,增长我们的经验,也有利于建立良好的人际关系。当然,倾听不是被动地接收。倾听过程中,有意识地反馈,可以吸引对方的思考,引导对方谈话的方向,使之更符合你的需要。

4. 热情待人,相互尊重

热情是最能打动人、对人最具吸引力的特质之一。一个充满热情的人很容易以自己的良性情绪感染别人。一个面带微笑的人很容易被他人接纳。要热情待人还需从心里对他感兴趣,真心喜欢他人、尊重他人。

5. 寝室管理,约束规范

在大学中,寝室是除了教室之外最重要的地方,寝室是大学生生活习惯形成的重要地方。寝室中的同学来自天南海北,他们的生活方式各异,在这里,除了包容外,建立必要的规则是保障寝室关系文明、和谐的重要前提。

三、角色与环境的调节

大学阶段是人生重要的转折时期,有的心理学家称之为"第二次心理断乳期"。这一时期,大学生不但生理上发生了很大变化需要调整,而且心理上也经历了一个逐步走向成熟和健康发展的过程。大学生来到高等学府这一新的环境中,面临许多新问题。要处理好学习、恋爱、人际关系、择业等复杂问题,首先应该求得心理适应,即提高和改善自己的角色和环境适应能力。

（一）积极认识主客观环境

大学新生入校后,角色和环境都发生了变化,在新的角色和环境面前,应该正确认识客观环境、合理调控自己的情绪,恰当地确立新的目标,为适应新的角色和环境创设良好的主客观条件。

正确地认识客观环境对一个人的心理发展有着重要意义,如果不能正确认识环境就难以适应环境,就会产生一些与环境格格不入的心理,长此下去,容易出现心理障碍或疾病。大学生都生活在具体环境中,并接受其影响,人与环境除了一致的、协调的关系外,还有矛盾的、冲突的关系。而在人的一生中,人与环境的矛盾、冲突往往是无法避免的。大学生们当然希望有一个良好的育人环境,但是,大学校园毕竟不是"世外桃源",所处的社会环境也不会尽善尽美,因此我们不能奢望有一个理想化的环境。每个大学生都有权设计自己的未来,但是每个人的理想、愿望、动机或目的都应该和周围环境相一致。

（二）努力适应新的角色与环境

大学生对角色与环境的适应有一个过程,不可能一蹴而就。但是,注意从以下方面去努力,就可以缩短从中学生到大学生的角色转变期,尽快适应大学学习和生活的环境。

1. 树立正确而稳定的专业认知

大学生专业认知稳定的程度与适应密切相关。新生刚入校的时候,往往有一部分人产生专业认知问题,他们不愿意学或者不热爱自己所学的专业,成为大学生的主要心理障碍。究其主要原因,是个人的期望、利益与社会的环境条件出现了矛盾,这就需要每个大学生正确处理客观存在的矛盾,树立正确而稳定的专业思想。

大学专业的设置,是根据国家经济条件、科学文化发展的要求来确定的。因此,每个大学生的专业确定,都受社会状况的制约,也就是说,个人的专业选择是没有绝对自由的。考生可以有自己的报考志愿,但又不能完全根据个人的要求来录取。个人的选择与社会需要发生矛盾时,只能服从社会需要,不然就会出现有的专业学生太多,有的专业后继无人的现象,影响科学技术和社会的发展。还应该看到,我国能够进大学进行专业深造的人数极少,而大学学习的时间又极其珍贵。因此,我们每个大学生都要从国家政策的高度来认识所学专业的必要性和重要性,珍惜来之不易的专业学习时间;主动培养专业兴趣,热爱专业,顺利迈开大学学习生活的第一步。

2. 调整生活方式

生活方式对人的身心健康的影响已经越来越引起人们的普遍重视。生活习惯是生活方式的集中体现,是由于重复而巩固下来成为习惯的行为方式。人的生活习惯包括饮食习惯、起居习惯、娱乐休闲习惯、学习习惯等。良好的习惯可以使人精力充沛、精神焕发、朝气蓬勃;不良的生活习惯会对人身心两方面造成危害。通过观察大学生的日常生活,可以发现,大学生中一些不健康的生活习惯比较严重,最普遍的有睡觉不规律、运动不足、饮食不当。

有些大学生生活没有规律,晚上熬夜不睡,早晨赖在床上不起,上课不准时,经常迟到早退,不能合理安排学习、休息、娱乐的时间,生活无计划,想到哪就做到哪。生活长期没有规律,不仅影响学习,而且容易使身心受损。大学生的体育运动不足,一方面是认识上的问题,错误地认为自己年轻、身体好,能吃能睡,用不着花时间锻炼;也有的大学生认为锻炼是浪费时间,舍不得花时间去锻炼。更主要的一个方面是主观意志的问题,有些学生知道锻炼对于身体的好处,也想进行锻炼,但经常借口说学习任务重、社会工作多,无暇锻炼。缺乏体育锻炼会导致躯体乏力、精神不振。饮食是维持人体生理与心理功能正常的必要条件,但是在大学生中饮食不当是比较普遍的现象。由于作息没有规律,早上睡懒觉等原因,部分大学生经常不吃早饭或胡乱对付;用餐不规律,不按时吃饭,经常错过正常的用餐时间,往往用方便面等食品来替代,或是想吃就多吃,不想吃就不吃。不良的饮食习惯容易造成营养不良,身体消瘦,严重者可能导致消化功能障碍。

生活习惯与人的身心健康有着极为密切的关系。养成良好的生活习惯会使人受益终身。大学生正处在成长期,具有一定的可塑性,完全可以通过主观努力与实际行动摆脱不良的生活习惯,养成良好的习惯。主要可以从以下方面入手。

（1）作息规律,劳逸结合

大学生应该做生活的主人,学会驾驭生活与时间,安排好学习、生活和娱乐,做到有计划、有效率地利用时间;培养良好的生活习惯,作息有规律,不熬夜,不贪睡,保持精力旺盛;同时,充分利用闲暇时间,从事娱乐、社交和其他有益的活动,从而丰富自己、发展自己、完善自己。

（2）坚持锻炼,经常运动

大学期间的学习任务很重,长时间的读书,会使大脑兴奋、抑制过程失调,导致神经衰弱。坚持锻炼身体不仅可以使肌肉发达、关节灵活,增强心血管功能、促进生长发育,而且还可以提高中枢神经系统的反应能力,使人反应灵活、适应变化、消除疲劳、减轻精神压力,同时也会使人感觉敏锐,增强观察力、注意力、记忆力的发展,提高思维的敏捷性和灵活性,从而具有自信,保持乐观开朗的情绪。正如古希腊山崖上刻着的三句话:"如果你想健壮,跑步吧;如果你想健美,跑步吧;如果你想聪明,跑步吧。"

（3）兴趣广泛,格调高雅

大学生在学习之余应培养和发展多方面的兴趣,参加一些有意义的活动。比如,参加社团活动、参加社会实践以丰富自己,多听演讲报告以充实自己等,这些活动不仅可以使单调的生活得以调剂,而且还会增加生活乐趣、焕发精神。同时,参加感兴趣的活动还可以得到他人的接纳与认同,获得朋友的支持与帮助,满足社会交往等精神需要。

（4）勤俭节约,合理消费

大学生的生活费用都要靠自己来安排。有些大学生由于缺乏合理安排,缺乏理财意识,总是月初乱花钱,月末便囊中羞涩。无论家庭条件如何,大学生都应该认识到,手中的钱是父母辛苦挣来的,是要为学习与生活服务的,而不是为了让自己去追求高消费、赶时髦、求气派。因此,大学期间应注意节俭,量入为出,合理安排。

第四章

大学生学习心理

学习是学生的第一任务和主要活动,是一个极其复杂的心理活动过程。一方面,学习促进大学生的心理发展和成熟;另一方面,心理因素的健康发展,又促进了学习的提高。大学学习的特点主要表现为学习的自主性、广泛性、专业性和创造性,其学习过程逐渐深化,知识积累不断向高层次发展,社会对大学生的要求更为明确。在这个学习过程中,有的学生因学习环境和学习方式的变化,心理产生重压,产生种种学习心理问题,又缺乏自我调适能力,怨天尤人,影响了学习的自信心和积极性;有的学生在考试中,因心理紧张,常会出现考试焦虑,背上沉重的思想负担;有的学生在学习过程中因忽视了对自身创造心理素质的培养和锻炼,限制了自己创造意识的发展。因此,研究和探讨当代大学生的学习心理现象及其发展规律,对于提高大学生的学习心理调适能力,促进其顺利完成专业学习具有重要意义。

第一节　学习概述

一、学习的含义

学习的概念有广义和狭义之分。

从广义上说,学习是人和动物在生活过程中获得个体经验的过程。凡是以个体经验的方式所发生的个体的适应变化都是学习,它是动物和人类生活中的普遍现象。学习的这种广义概念,既包括动物的习得行为,也包括人的行走、言语、知识、技能、习惯和道德品质等学习。

从狭义上说,学习是专指学生在学校里的学习,即学习是学生在教师的指导下,有目的、有计划、有组织、有步骤地获得知识、形成技能、培养才智的过程。学生的学习在学习情景上以师生交往为主;在学习内容上以掌握前人经验和行为规范为主;在学习形式上是通过课堂教学,以语言为载体,通过他人传递,间接获取知识经验;在发展目标上,要德、智、体、美、劳全面和谐地发展。学生的学习是一个十分特殊的过程,是个体掌握人类社会历史经验的过程。

二、学习的特点

概括来说,学习的特点主要包括以下几方面。

（一）意识性

人类是有意识的,意识使人能够按照一定的计划和目的进行学习,所以说,人的学习具有意识性的特点。

（二）社会性

人们都生活在一定的社会环境中,在这样的环境中,个体除了可以通过直接参与的方式来获得社会经验外,还可以通过学习的方式来学习人类长期积累下来的历史经验,从而使个体的知识得到不断丰富。这种社会历史经验有助于人去适应、改善和发展社会生活,使社会生活日益美好。由此可见,人的学习更主要地在于满足其社会生活的要求,这种社会性需要就成为激发人的学习动机的基本动力。所以,无论从学习的形式与内容看,还是从学习的动力与作用看,人的学习都具有社会性的特点。

三、学习的心理基础

学习活动有一套完整的、系统的心理结构,主要由智力、特殊能力和非智力因素组成,这也就是学习的心理基础。

(一)智力

人的智力即一般能力,是在不同种类的活动中表现出来的能力,是由人脑的各种认识组成的、稳固的、综合的反映。它最基本的认识力主要是记忆力、观察力、思维力和想象力等,其中思维是核心。各种认识力形成的合理、完善、稳固且综合的反映方式叫心智技能。

(二)特殊能力

人的特殊能力是受人的智力支配的、改造事物的各种操作动作组成的、稳固的实际行动能力,是在某种专业活动中表现出来的能力,它是顺利完成某种专业活动的心理条件。如音乐家区别曲调的能力以及画家的形象记忆力等都属于特殊能力。

(三)非智力因素

非智力因素有广义和狭义之分。从广义来看,非智力因素包括学习动机、兴趣、情绪态度、性格等因素。这些心理因素都对智力活动起着一定的促进或阻碍作用。狭义的非智力因素是指对智力活动所起的作用更为直接、更为突出和更为明显的心理因素,如独立性、意志坚韧性、好奇心、勤奋等非智力因素。

在学习活动中,学习的成败,即学习的效果和成就,个人的智力因素起着重要的作用,非智力因素也起着重要作用,良好的非智力因素与智力因素密切配合,是学习成功的必要条件。相反,不良的非认知心理因素严重影响学习的效果,许多研究表明,非智力因素是决定学习成败的关键因素。

四、大学生学习的特点

大学学习是高层次的学习活动,在目的、方法、内容等方面都和中学学习有很大的不同,因而大学生的学习活动具有新的特点,概括来说,这些特点主要包括以下几方面。

(一)专业性

进入大学之后,每个人都要根据自己的兴趣、爱好等选择自己所要学习的专业方向,大学的学习实际上就是一种专业学习。大学生要在专业定向的基础上学习各类知识,努力把自己培养成为社会需要的合格人才。大学生学习的专业性是引起适应不良的一个重要方面,随着专业学习内容的逐渐深化,知识积累不断向高深层次发展,在整个专业学习过程中教师指导性强于指令性,各种教学环节给大学生提出的任务和要求更高、更复杂。大学生需要做好相应的思想准备。

(二)自主性

大学阶段的学习虽然也强调教师教学的重要性,但是除了在课堂上,其他时间的学习基本上需要学生自己去独立完成,这样一来,大学生就有很多的时间可以自由支配,这些时间如果安排得好,大学生能够利用这些时间自主学习,那么大学生基本就不会出现适应不良的情况,相反,如果这些时间不能被大学生合理支配,那么就有可能出现适应不良的问题。大学中无论是学习时间、学习内容还是学习方式都比较注重学生的自主性,主动强调的是学生学习的积极性和主动性。

(三)多样性

之所以说大学生的学习具有多样性的特点,是因为在大学阶段,大学生除了可以在课堂上获得知识外,还可以通过阅读、听讲座、上网查资料等途径来学习。开放式的教学为大学生提供了多种多样的学习之路,课外实习课程设计、科研训练计划、专家讲授、学术报告及走向社会的社会实践、咨询服务等都为大学生提供了广阔的学习空间。

（四）探索性

探索性是指大学生在学习过程中对书本结论之外新观点的寻求和钻研。爱因斯坦曾强调教育必须重视培养学生会思考、探索问题的本领。这就要求学生不但要掌握所学的知识，而且要掌握知识的形成过程，了解学科和专业发展状况、存在的问题以及解决这些问题的可能性，掌握学科的研究方法，培养独立思考、探索创新的精神。而死记硬背、缺乏灵活性与创造性的大学生将会感到压抑和不适应。

（五）创新性

大学生学习不仅仅在于掌握知识，更在于探究知识的形成过程与科学的研究方法，了解学科发展前沿、存在的问题及解决的思路。目前，高等学校普遍加强对大学生创新能力的培养，在课程设置、课程安排、课程衔接上突出学生的主体地位，体现创新，加大了学生实践环节的培养力度，旨在提高大学生的创新能力。

第二节　大学生学习的动机与策略

一、大学生学习的动机

（一）水平中等

虽然不同的调查结果显示大学生学习动机水平在不同维度上有差异，但在总体上呈中等水平。具体表现为大学生的努力程度低、缺乏学习自主性，大多数学生表示自己为了通过期末考试或获得学分而学习，他们的内在学习动机较低而外在学习动机水平高。

（二）多元化

大学生学习动机受家庭、学校、社会、个性特点以及心理成熟度等众多因素的共同影响，各方面的需求使他们的学习动机表现出多元化的特点。具体表现为大学生的学习行为并不是只受单一动机支配的，有研究表明，一般情况下大学生会同时拥有 3 至 6 个学习动机，如求知、兴趣、父母期望、求职、社会赞许等。

（三）差异性

大学生学习动机的各维度和整体水平都在性别、专业和学校类型等方面存在一定的差异。大学生学习动机的差异性还表现为学生个体间的差异，每个学生都是独特的个体，具有不同的生活经历、需求、兴趣和个性，自然发展出不同的学习动机。

（四）波动性

表现为大学生伴着年级、年龄的升高，会产生不同的学习动机类型和学习动机水平。从大一到大四，学生的心理愈来愈成熟，不断调整自己的认知，对自己有了不同的认识。另外，社会形势不断发生变化，学生的内在需求和外在要求也不断改变，随着需求的改变，学生的学习动机也随之变化。

（五）功利性

许多研究都显示大学生学习动机呈现出功利化倾向，具体表现为大学生更倾向于选择实用性强的课程而逃掉思修课，将大部分学习时间分配在考各种证书和应付期末考试上。大学生学习动机的功利化倾向与我国的教育环境、社会形势和父母期望有不可分割的关系。

二、大学生学习的策略

（一）自学的学习策略

大学学习，无论从获得知识的途径还是时间的安排上讲，自学是重要的学习方式，而且随着向高年级的递进，自学更为重要。可是大学一年级的学生往往不会自学，没有养成良好的自学习惯，更没有掌握一套有效的自学方法。有的学生或者自学起步较晚,贻误了学习时机,有些学生甚至到了大学一年级末还未摸到大学学习的门。这就要求同学们注意吸取高年级同学学习的经验,在学习中慢慢摸索出适合自己学习的行之有效的方法来。

学生主观上抓紧时间进行自学,是个关键。怎样抓紧时间呢?第一,定好计划,合理分配。第二,修订计划,随时获取知识。一年级学生的自学计划,不要一开始就期望过高,自学面过广,因为实践层面上达不到。到了二年级,自学入门了,有基础了,再定计划,就可以增加较多的与专业有关的参考书、期刊资料的阅读,也可以增加对与专业没有关系而自己爱好的知识信息的获取。

要自觉培养自学的能力。第一,培养驾驭语言、文字信息的能力。学生的自学对象,主要是书刊,方式主要是看、读、写、练。另外还有有声信息,要靠听获取。因此,要在自己的看、读、写、听、练中,不断提高对语言、文字信息的汲取、辨认、选择、整理的能力。这是自学的一种基本的能力。第二,培养基础知识的储存能力。基础知识是自学的前提条件、潜在可能性,它具有对自学指导、扩展、再生的作用。基础知识与大学的知识是有联系的一个系统,因此,要储备各种基础知识。首先要有意识地回顾、整理已有的基础知识,并与新的有关基础知识结合起来。其次对新的基础知识本身,要把握其系统的逻辑结构、层次、基本概念、基本原理或原则定理公式,进而把握各种概念、原理等之间的关系,并将之网络成容易掌握、中心突出的知识体系。经过上述对知识的储备和消化,学习就能举一反三。第三,培养对知识信息的心理反应能力。这种能力是完善大脑准确、高速处理知识信息功能的条件,是感性、理性思维相互渗透、相互作用而产生的整体效应。这里所说的感性思维,主要是指自学过程中对书本知识的感性洞察能力,对实验、实习的观察能力。感性知识量的积累,会引起质变,萌发同学们的创造能力。

掌握自学的技巧。自学的技巧比较多,但主要的有下列三个。

第一,循序渐进。循序渐进,由浅入深,由易入难,从基础知识到专业知识。大学的课程,是按照循序渐进的原则设置的。序,就是次序,就是科学内在的规律。在学习上,跳是跳不过去的,绕也是绕不过去的。唯一的道路,是一步一个脚印地循序渐进。大学生们在学习中要克服好高骛远,急于求成,一步登天,一蹴而就的思想,克服见到困难绕着走,弄不懂就"跳"过去的思想;要踏踏实实,认认真真地学好基础知识及专业知识。

第二，多疑好问。学问，要学要问。最善于问的人，往往是学得最好的人。不问不知道，一问明白了，不仅明白了，而且加深了理解。有的同学在学习上闷声不响，从不提问；有的碍于情面，怕人耻笑；更多的是学得不深，一知半解，自以为懂了，也就提不出问题来。学习，就是由不知到知。不知，就是问题，有疑就问。问号是打开科学大门的钥匙。如果通过寻问，你把一个个问号拉直，变成了惊叹号，你就大有进步。当然，问要问在点子上，问在关键处。不要钻牛角尖，那样会耗尽精力却进步不大。

第三，专深博闻。所谓专深博闻，就是专业范围之外，你尽可能多懂一些。当代科学的特点是分工越来越细。分工精细，越有利于科技工作者集中精力攻关。但是，分工不等于分家，不能"隔行如隔山"。当代科学的另一个特点是彼此交叉，在边缘地带不断产生新的学科。这就要求科技工作者尽量博闻，不只是懂一门科学。大学是培养科技精英的园地，是莘莘学子学习知识，打好基础的摇篮。大学生们在学好本专业知识的基础上，也应重视文史、社会科学知识的学习。

（二）合作学习策略

大学生合作学习属于群体学习的一种，与个人学习的方式相比，合作学习的效率更高，并且有利于团队成员之间的相互学习，在讨论中激发更多新的想法。但是，要想使得合作学习发挥其优势，必须在实施过程中采取一定的方式策略。

1.合作学习的事前准备

（1）进行分组。合作学习的第一步是进行分组，分组的原则是成员目标的一致性和成员技能的互补性，这既能保证小组成员都能朝着一个方向去努力，也能在团队学习发生困难时发挥小组成员的作用。此外，小组内还应推选出一名组长，负责协调和安排小组的各项工作。为了确保合作学习的顺利进行，教师应对小组成员和组长进行团队学习、合作及沟通方法等方面的指导。

（2）准备学习材料。此阶段，教师需要明确小组任务，以引导学生的学习方向。学习材料可以由教师发放，也可以由学生自行准备。但要注意的是，由教师发放的学习材料中不能找到所有答案，需要学生去探索；给出的问题也不能有标准答案，要给学生留有自由发挥的空间。学生自行准备的材料，要注意与小组任务密切相关。

（3）制订初步计划。经过对学习材料的初步讨论，小组成员对所需完成的任务要求、组成部分、任务难度等都有了一定的了解。在此基础之上，教师应指导学生完成具体题目的选择、组内分工、讨论计划制订等工作，并就所选题目可能遇到的问题及解决思路等予以指导。这个步骤也是教师后续进行过程控制的依据。

2. 合作学习的事中调控

（1）组间的竞赛激励。合作学习所具有的探索性特点，可能会给学生的学习带来困难，很多学生难以准确地解决问题，使得他们的学习信心遭到挫伤。因此，可以采取组间竞赛的形式激发学生的学习兴趣，对优秀小组进行表彰的同时也能使其他小组学习其优点。

（2）及时的计划调整。学生在合作学习初期无法准确地预测可能遇到的困难，因此先前制订的计划可能存在各种各样的不合理性。在制订计划的时候，可以将任务分成几个不同的阶段，靠近当前的计划详细些，往后的计划粗略些。随着时间的推移，小组按照本阶段考核后团队反思的结果，对其之后的计划进行相应的调整。

3. 合作学习的事后反馈

（1）事后反思与总结。在合作学习的整个任务结束后，需要进行小组间和组内成员的反思与总结。反思小组和个人在整个合作学习过程中的不足和未达成的目标，总结学习成果和收获。在小组内汇报个人反思与总结，在班级中汇报小组反思和总结。

（2）事后总评。事后总评分为两部分：教师的事后总评针对的是整个团队，学生的事后总评针对的是小组内每个成员。教师可以根据自己的观察针对每个小组的表现给予一定的评价，小组内可采用无记名投票的形式推选出在整个合作学习的过程中表现最好、贡献最大的成员，由教师给予一定的奖励。

第三节　大学生常见的学习心理问题

不同年龄、不同层次的人,具有不同的心理特征,大学生也有大学生的心理特征。其中最重要的一点就是自我意识的日趋强烈,这种自我意识反映在学习中包括大学生对自己学习情况的自我认识、自我体验和自我调适三个方面。学习是大学生最主要的任务和活动形式。从一入校,大学生就必须切实分析和把握自己的学习心态,尽快地掌握大学学习方法和适应大学学习环境,坚定而有信心地把自己锻炼成为对社会有用之才。

一、大学生学习问题的表现

(一)学习生活不适应

中学时,许多学生把上大学看成是唯一的奋斗目标,一旦进入大学,目的达到了,奋斗便失去了方向。有的同学认为,考上大学就等于获得了"职业保险",捞到了"铁饭碗",心理上得到了满足,生理上需要休整一段时间,加上刚上大学,课余时间比较自由宽裕,竞争意识弱化,部分学生便产生了"松口气,歇歇脚"的心理,结果生活懒散,学习松懈,学业荒疏,成绩下降,甚至出现多门功课考试不及格,并因此心理受挫,产生苦闷和悲观的情绪。所以,作为一名大学生,学习动机的确定是至关重要的,没有学习动机的学生,胸无大志,缺乏学习内驱力,在学习上只能是浑浑噩噩地混日子,得过且过,学习成绩因而下降,有的甚至留级、退学。

(二)学习方法不适应

大学的学习特点与中学相比发生了许多变化。中学教学方式一般以灌输为主,学生学习完全依赖于教师和书本,熟记教师整理过的东西是中学学习的主要方法。大学教师讲课常常是提纲挈领和指导性的,指令性的要求少,至于选择什么样的学习方法去理解和消化知识,更是由大学生自己决定的。所以,自觉自主地学习是大学学习活动的核心,体现在整个大学学习过程的始终,反映在学习活动的各个方面。

面对不断增加的新课程、日益加深的学习内容,加上学生学习中的竞争和学校实行的淘汰制,不少学生学习不得法,几次考试成绩不理想,便对今后的学习产生很大的心理压力。心理素质差的整天垂头丧气,情绪低落。更有甚者,会由此发展至精神崩溃,甚至轻生。而心理素质较好的学生,则会努力去适应学习方法的变化,将压力变为前进的动力,从而激发自己的学习热情。

(三)学习环境不适应

有幸进入大学的学生,他们在中学学习期间一般都是班上的佼佼者,自尊心、好胜心和荣誉感都比较强。因为考上大学,他们得到学校、社会、家庭、亲友的较高评价,被社会视为时代的骄子,不少人感到很自豪,自我评价一般偏高,夸大自己的优势,产生"自傲"心理。进入大学后,由于学习环境和学习方式的变化,原有的突出位置无法维持下去,自尊心受到了挫伤,优越感荡然无存,如若不能正确对待,很容易由"自尊"转为"自卑",常常由于"理想之我"与"现实之我"的矛盾,而处于苦恼不安之中,甚至对学习失去信心。对大学生而言,适应大学生活,就能顺利完成大学阶段的学习,避免出现不该有的心理问题。

(四)专业学习不适应

大学生的学习有一定的专业方向,是围绕着培养目标进行学习的,所以说,专业学习是大学生成才的需要,是大学生走向成功、实现理想的重要起点。但新生入校后,有相当多学生所学专业并非出于自己的选择,或出于父母的主张、老师的建议,或是因考分限制,不得已选定。他们进校后出于种种考虑,要求转专业,一旦不能得到满足,不适应便产生了,结果对自己所学的专业没兴趣。甚至一上专业课就头痛,有的认为自己的兴趣、爱好都不在此,不想去吃这碗"饭",认为"上大学选对了路,而选专业却入错了门",常感到前途渺茫,导致学习动力不足。有些人因此变得消沉或厌学,学习情绪低落,学习成绩上不去。也有的属于填志愿时以能被录取为原则,进入大学后就决心改行了,学习本专业仅仅是为了混文凭,他们奉行"60分万岁"。此外,对感兴趣的东西又要花大量的时间去兼顾，而专业学习考试通不过，则更占用了宝贵的时间。于是，人总处在烦躁不安、怨天尤人的状态之中，结果是专业学不好，爱好也没有兼顾到，最终毁了自己。

二、大学生的学习心理问题

大学是青年时期学习知识的最后一所学校，是培养掌握专业技能的高层次人才的场所。所以大学的学习对大学生的学习心理素质要求较高。而处在这个年龄段的大学生，其心理素质尚未全面成熟定型，加之我们国家在传统教育体系中，不太注重这一方面的培养，所以面对由中学到大学学习的巨大变化，有些大学生在学习过程中产生了种种的问题，从而影响了大学学习的顺利进行，严重的甚至不得不中断大学的学习。

（一）学习动机不当

造成学习过度焦虑的原因是多方面的。有些同学在环境影响下形成了不适当的学习目标和抱负，或是希望通过学习保护自己的自尊心，而自信心又不足，于是心理压力很大。此外，个性偏敏感、易焦虑的大学生，往往容易产生学习过度焦虑。有些学生为了减轻学习焦虑，对学习采取回避、退缩的态度和方式，逃避、害怕、厌烦学习和考试。或是因心理压力过大，导致神经衰弱等心理障碍。

（二）学习疲劳

心理疲劳不同于生理疲劳，生理疲劳是由于肌肉活动过度，使血液中代谢废物如二氧化碳和乳酸增多，导致腰酸背痛、乏力等。心理疲劳是大脑细胞活动持续时间较长，导致脑细胞处于抑制状态。

学习心理疲劳在大学生中并不少见，造成这种现象的原因是多方面的，如学习中情绪低落，从而导致大脑神经活动处于抑制状态。学习心理疲劳若得不到及时有效的消除，不但影响学习效果，而且使精神状态不良，甚至引起神经衰弱等心理障碍。

（三）学习无助感

1. 考试焦虑和怯场

考试焦虑是指因各种原因造成的情绪紧张致使原来已形成的熟练的识记内容不能重新再现。严重焦虑会导致应试中出现"晕场休克"。

其实,应试时的紧张感是一种正常的应激,主要指比较紧急的或危险的状态所引起的一种情绪表现。考试焦虑和怯场的原因有以下几个方面。

第一是动机超强。对考试成绩的要求很高,把分数看得过重。分——学生的命根;分——决定一个人的升留级;分——决定奖学金和三好学生归属;分——学生好与坏的主要评价依据。在这种强烈的动机促使下,造成精神的极度紧张,过分担忧自己考试的成败。而进入考场中,一旦真的遇到难题,更是联想万千,从而影响了应试的正常顺利进行。

第二是缺乏自信。有些同学由于种种原因曾经经历了考试失败的打击,这在心理上就会形成失败定式。所谓定式是指以前具有的解决类似问题的经验,对后来解决类似问题的影响。作为失败定式——"上次没考好……",会像个阴影一样干扰和妨碍自己,于是打破了心理的稳定性,分散了精力,在考试中遇到问题时,就会联想曾经有过的失败,由此产生恐惧和慌张,从而影响考试水平的正常发挥。

第三是身心过度疲劳。一方面,作为正常的应试,已使自身在体力和体能上有所消耗,考试本身就让人有一种压力感和紧张感,所以,每当考完最后一门课时,都会感到那么的轻松,甚至有人高喊:"解放啦!"另一方面,是人为的紧张因素。为了能考得好,拿高分,有的同学打乱了以往的生活规律,头悬梁,锥刺股,夜以继日地复习、复习,使得身心极度疲劳,因而产生了负诱导,即在大脑皮层的兴奋点周围产生抑制作用,抑制兴奋过程的扩散,这也是大脑的一种自我保护功能,而且这两种神经活动过程永远是相互引起和加强相互的作用。所以,抑制作用一出现,就会出现记忆再现的障碍。越心急,越加强负诱导,越想不起来就越急,最后达到超限抑制——晕场休克。

2. 作弊心理

每一次考试,总会有人不惜以身试法,并因为作弊而受到处分。而助人作弊者也往往株连难免。

大凡作弊者,一般都是以下几种:一是前面讲到的由于学习动力的缺乏而"混日子"的同学。一入学就等着拿毕业文凭,所以平时学习松怠,考试时不愿费劲,但拿文凭就靠门门 60 分,这关总要过,所以,把希望寄托在作弊上,既不费劲,又可及格。于是视考场纪律不顾,以身试法。二是平时学习比较用功,但是自尊心太强,把分看得高于一切,是一种优势的保证,所以唯恐自己的考分低于他人,一旦遇到不顺利时就不惜铤而走险。三是偶尔为之。所谓一念之差者,比如怯场,本来准备得很充分,却因为过度紧张想不起来了而影响了成绩,太不甘心,所以,豁出去了,就这一回。

总之,无论处于什么心态,何种原因,作弊者的目的是一致的,就是得到自己所期望的分数:起码及格,力争优秀。所以,在这个目标的驱动和侥幸心理的支配下,选择了一种错误的行为方式。

可以说,作弊有百害而无一利。既欺人,又自欺。不仅妨害良好校风的树立,更重要的是恶化了自己的人格品质,与大学生本应追求和拥有的真、善、美相去甚远。

作弊还有另一方面的问题,就是助人为弊,且人数不在少数。每当因作弊者被抓而自己也受到批评和处分时,总是感到很委屈,甚至产生心理障碍。

大凡助人者,一般都出于以下心态:一是"侠肝义胆",为朋友两肋插刀。用同学们自己的话说,大家能考上大学本已不容易,走到一起更不容易,总不能见死不救啊!怎么也得帮一把。二是因为不愿为这点"小事""得罪"人,反正我自己没作弊,能帮就帮,否则被称之为不近人情,伤害相互之间的感情,不上算。三是功利思想——礼尚往来。今天你有困难我帮了你,今后我有什么麻烦你就可以帮我了,所谓投桃报李,来而不往非礼也。

但无论怎样的想法,这种忙都不应该帮。

第四节　大学生学习心理问题的调适

一、适应大学生活

（一）调整自己的方位

　　每个人在现实生活中，随着外界环境的变化，都要不断地调整自己的位置，使自身的需求和发展与社会的需求和发展相一致。尤其是在生活的时空发生重大变化的时候，这在心理学上称为"角色转换"。大学生活对每一位大学新生来说，无疑是一次很大的变化。这就要求我们能尽快调整自己，寻找自己在新的大学生活中的最佳位置。

　　首先，要平定情绪，不要被一时的不适应吓倒。"角色转换"在人的一生中要经常出现，其间所出现的不适应到适应是很正常的。其次，尽快从高考后的懈怠、成功的陶醉和入学的新奇中摆脱出来，使自己及早进入角色中去。最后，努力去摸索和掌握大学学习的特点和规律，做学习的主人。

（二）培养自信心

　　大学是人才云集之处，大学生基本上都是中学生中的佼佼者，如今走到一起时，过去的那种"优势"和"优越感"都不那么明显，甚至已不复存在了。过去由荣誉而形成的强烈的自尊心，在现实的变化面前，由于心理承受力的脆弱而产生了自卑感，从而使有些大学生对自身的智力产生了疑问，甚至失去了学习的信心。所谓自信心，是指对自己力量的充分估计，是自我意识的重要组成部分，是一种重要的心理品质。

（三）寻找最佳的学习方法

　　寻找最佳的学习方法，是保证学习顺利进行并且取得良好效果的一个重要的前提条件。特别是对大学生而言，由于大学学习的特点和要求，寻找一个符合自身特点的学习方法，就显得尤为重要。

什么是最佳的学习方法呢？其标准一是符合自己的实际情况，二是能提高学习效益。大学学习的一个突出特点就是以自学为主，所以，围绕这个问题，大学生寻找最佳学习方式应在以下这些方面给予重视。

1. 阅读

阅读是获取知识的必由之路。当今知识的更新与发展越来越迅速，以个人的有限精力一切从头做起是不可能的。所以，掌握阅读的方法，对于学习特别是学习书本知识——前人已有的经验总结，是十分重要的，尤其是对处在集中学习阶段的大学生而言。正如牛顿所说的："如果说我看得远，那是因为我站在巨人的肩上。"但是，能阅读不等于会阅读。因为对于认字的人来说，阅读是一种自发的活动，凡是识字的人，都能阅读，但是"大多数人不会阅读"。区别就在于"能"阅读的人，读书的过程只是个并不复杂的过程，把自己的头脑变成了名家名著的复印机和保存室。而"会"阅读的人，会在书中找到有利于自身发展的智慧，以此为基础去发挥自己的潜能，为社会做贡献，所谓"活读运心智，不为书奴仆"。

2. 积累文献资料

大学的学习以自学为主，大学生有一位非常好的帮手——图书馆。作为知识的宝库，也可以说它是一位无声的老师。每一位大学生都应该成为图书馆的朋友和学生。那么，如何充分有效地利用图书馆呢？首先，提高检索能力。前人云："凡读书最切要者，目录之学。目录明，方可读书；不明，终是乱读。"其次，做索引和卡片。把有用的资料按自己的方式做成索引，或是制成卡片，一旦需要的时候，可以及时准确地查找到，提高了学习的效率。再次，记笔记。俗话说：好记性不如烂笔头。笔记不同于卡片，在于它能随时记录下自己当时的灵感和想法，夹评夹议，是提高阅读水平的重要途径。有人说，"好的读书笔记，就是论文的雏形"，此话确有道理。此外，还有很多的手段。无论是什么，关键在于"勤"：手勤、脑勤，养成良好的习惯。

（四）科学运筹时间

英国博物学家赫胥黎有一句非常富有哲理的话："时间最不偏私，给任何人都是 24 小时；时间也最偏私，给任何人都不是 24 小时。"也就是说，差异在于你是否能合理和充分地利用时间。

对于时间在学习中的价值谁都明白，特别是对于处于集中学习的大学生而言尤为宝贵。但是，由于一下子从紧张的中学学习进入了宽松的大学学习，一个很明显的感觉——时间特别宽裕，加之目标不明确，于是有些同学总是会"等明天再……"，等意识到了，为时已晚。那么如何安排时间呢？

养成珍惜时间的好习惯。有人说人的一生有三分之二的时间是在睡眠、吃饭和娱乐，真正用于学习和工作的时间只有三分之一。所以，前人才会感叹"一寸光阴一寸金，寸金难买寸光阴"。

要善于安排时间。一是充分利用有限的时间去多做些工作；二是能巧用时间，积少成多。

丰富充实自己的生活。有形的学习只是大学生活的一部分，同学们还要善于从无形的学习，即生活实践中去提高自己。充实自己的生活，丰富自己的阅历，才能不枉度大学生活。

二、提高心理效能

（一）增强学习动力

增强学习动力，从外部的环境而言，需要一种重视教育、重视知识、尊重人才的良好社会氛围和学校浓厚的学习、学术风气。但这得有赖于社会的发展、教育改革的深化，并不是一朝一夕就可以达到的。因此，增强学习动力更需要自身的调节能力。

（二）确立明确的奋斗目标

目标明确性是人的意志特征之一，是指一个人能控制行为，使之服从于自己稳定的人生目标。这一目标能指导人的一切行动，使人有决心、有计划、有能力为实现这一目标而奋斗。

（三）培养学习兴趣

兴趣是情感的凝聚。一个人若是对一件事有兴趣，就会深入持久地去做，以达到预想的目的。它是重要的心理动力之一，推动人们的实践和创造活动。例如许许多多的科学家，就是在兴趣的引导下，尽其毕生心血去为人类科学文化的进步而奋斗。

第五章

大学生人际交往心理

交往是人类的本质特征，没有交往就没有人类社会的形成和发展。同时，交往是个体发展的需要，离开了人际交往，其心理就不能形成与发展，也就不能成为真正的人。可见人际交往之重要性。对于有一定人际交往基础的大学生来说，从理论上研究人际交往以提高交际能力、与别人建立良好的交际关系仍是必要的。大学生正处于学习知识和不断社会化的过程中，因而大学生总要不断地遇到和处理这样那样的人与人的关系。正确认识和处理这些关系，对于实现人生目的和人生价值，对于确立正确的人生态度，具有重要意义。由于市场经济的影响，大学生的交往对象、范围、手段、目的等都发生了变化，呈现出具有时代特色的交往方式。

第一节　人际交往概述

一、什么是人际交往

人际交往是指社会活动中人与人之间相互沟通信息、相互施加影响的过程。从本质上看，人际交往的过程是信息交流的过程，交流的内容就是思想、观点、情感、态度等信息。信息交流,主要是借助于语言符号来进行,也以非语言符号为辅助手段,最终达到心理沟通、理解、协调和建立一定的人际关系之目的。

人际交往的特性:双向性。人际交往的双方互为社会的主体和客体。当甲方是信息源发出信息为乙方所接受,并对接收到的信息内容加工处理做出反应时,甲方就是主体,而乙方就是客体;反之,则乙方是主体,而甲方就是客体了。在双方交往中,每一个参加者既是信息的发送者,又是信息的接受者,交往的双方反复发生着位置互换过程。

人际交往的特性:目的性。作为信息发送者在发送信息时都有一定的动机和目的,他所发出的信息内容和发送方式都和他的人格特点相联系,并受交往情境的影响。为了有效地影响对方,在向对方发送信息时,必须判断对方的情况,分析他的动机和目的,同时还必须预测到对方如何反应。信息的接受者对接收到的信息并不是机械地做出反应,而是通过自己的知识经验、价值观、态度等来决定自己如何反应。

人际交往的特性:情境性。在我国全面实行改革开放过程中,人们在交往中乐于广泛交友,渴求民主平等,向往真诚与信任,建立新颖的交往形式,开辟有利于交往的社会环境,这些都使交往的价值指向增添了新的丰富内容。依据人际交往的形成基础和交往对象的不同,可以把人际交往区分为多种不同类型。如业缘交往、地缘交往、学缘交往和机缘交往等属于社会交往,血缘交往和婚姻交往等属于亲属交往。大学生的交往类型以学缘交往为主,他们在共同的学习、生活和理想追求中逐步由封闭转向开放,不断建立新的观念。

二、人际关系的特征

所谓人际关系,就是人们在进行物质交往和精神交往过程中发生、发展和建立起来的人与人之间的关系,它是社会关系的一种表现。人际关系一般具有如下三个特征。

(一)人际关系具有社会性

人的一切社会性需要只有通过人际关系才能得到满足。人际交往是社会交往的联结点,是指任何社会交往必须在人际关系这个载体上进行。没有由个人为基本单位组织起来的一般社会交往,根本谈不上社会群体、组织、党派之间的高层的社会交往。

（二）人际关系具有主动性

人与人之间的关系表现为一种思想行为的互动过程，它是人际交往的实质。常言道，别人敬我一尺，我还他人一丈。在生活中，互谅、互让、相亲相爱都是互动行为。人们就是在这种互动行为中联系在一起，形成丰富多彩的人际关系。

（三）人际关系具有情感性

人们通过情感这个纽带形成一定的人际关系。现实生活中，人的感情是十分丰富的，因此，在这个基础上形成的人际关系是复杂多变的。例如，同志、同学、夫妻等自然形成各种人际关系，但他们之间的亲疏和远视程度是不一样的。可见，人际关系中感情的力量起着重大作用。

三、人际交往的功能

（一）交流信息

通过交往，人们能很快地沟通信息、增长知识、启发思考。交往是一种思想交换的过程。信息沟通是人际交往的重要功能。每个大学生不仅应从书本上学习知识，而且还应当在人际交往中学习知识，在人际交往中能学习到书本学不到的东西。在学校，除了同学之间、师生之间的交往外，还应当参加一些以学习为目的的郊游、参观、社团活动等，在有组织的活动中进行各种各样的思想交流，以达到相互学习、相互理解、提高能力、丰富情感的目的。

（二）增进心理健康

交往需求在人的需求结构中占有相当重要的位置。如果这一需求得不到满足，就会出现孤独、忧伤、惊恐、急躁等情绪，导致心理疾病。大学生有一种强烈的合群需要。据调查，在具有人际交往矛盾的大学生中，多数人有一种忧愁苦闷的感觉。通过人际交往，诉说各人的喜怒哀乐，有利于心理健康。一般说来，交往时间较多、交往空间范围较大的人，往往精神生活更丰富、更愉快。因此，人际交往对于个人来说，是生活中不可缺少的行为。良好的人际交往是保障个体心理发展与健康的重要手段。

（三）协调人际关系

人际交往具有能够使团体或组织内部个体之间保持行动上的协调和默契，以保证实现共同目标的功能。共青团中央组织的青年志愿者活动，吸引了许许多多的大学生，他们自愿结成活动小组，为社会服务。在服务中，他们加强了与社会的交往，而且内部成员之间也结成亲密的朋友。当代大学生的心理特点之一，是希望通过自己的人际交往，结识更多的朋友，增进自己的社交能力，更好地适应社会，更好地为社会服务。

第二节　大学生的人际交往

一、大学生人际交往的特点

在复杂的人际交往中，大学生的交往基本上是全方位的交往，既继承了一般人际交往的优秀特点，同时又赋予人际交往新的内容和方式。

（一）纯洁性

大学生交往的纯洁性主要表现在以下几方面。

（1）交往过程中受经济因素影响很小。由于大学生的主要任务是学习，不存在经济问题，因此，排除了经济上的关系以及由此带来的利害冲突。

（2）大学生以平等的姿态对话，因此人格平等，交往起来轻松自如，没有特权等级观念。

（3）大学生偏重于思想感情的交往。

（二）开放性

尽管处于青年期的大学生在心理上有一种闭锁性，不愿轻易向人敞开心扉，但这只是表面现象。从本质上看，每位大学生都期待着交往和友谊，都在默默地敞开自己交往的大门。与大学生交往需求的多层次、多侧面相适应的交往方式也是丰富多彩的。

二、大学生人际关系的类型

依据不同标准,划分不同类型。如按照方式分为现实交往与虚拟交往等。大学生的人际关系是在大学这个客观环境中确立起来的,具有客观的现实性和明确性。就其内容而言,大学生人际关系是十分丰富和广泛的,表现出多样性和层次性。一般来说,可将大学生的人际关系分为如下三种类型。

(一)师生型

教师和学生之间的交往关系是大学里基本的人际关系,即师生型人际关系。高等教育是一个系统工程,学校除学生外,还有各级领导、任课教师、辅导员和班主任及必要的辅助人员,他们共同担负着教书育人、服务育人、管理育人的光荣职责。大学生要顺利完成学业,就必须与这些成员往来,彼此结成一定的人际关系。在这类人际关系中,学生是教育和服务的对象,教师是教育者,学校以学生为主体,以教师为主导。尊师爱生是师生关系的具体表现。

(二)学生型

同学之间的交往关系是大学里又一个基本的人际关系,即学生型人际关系。由于年龄结构、知识水平等大致相同,大学生之间的感情最容易沟通。学生型交往关系既包括正式群体内同学之间的交往,如专业、年级、班级、宿舍内的交往,又包括正式群体之外同学之间的交往,它是由某种共同的爱好、兴趣,或某种需要、某种偶然因素所引起的。大学中同学关系具有特别的重要意义,处理得好,集体和个人都会受益。特别是在良好的班集体中,同学们可以互相帮助,团结友爱,采众家之长,促进个性全面发展,同时对个人的身心健康有调节作用。

(三)社会型

所谓社会型的人际关系就是大学生和校园外的团体和个人之间的交往关系。近年来,青年学生纷纷走出校门,投身于改革的伟大实践当中,他们在同社会各界交往的过程中,更多地了解了国情,了解了民情,对社会上的人际关系有了新的认识,对增长才干起到了补充和促进作用。但是,大学生片面追求"探索"和培养"活动能力",热衷于校外的、与学习无关的活动,会导致学识无长,学业荒废,甚至留级、降级、被迫退学等。这一点应引起大学生的警惕。

第三节 大学生常见的人际交往问题

一、大学生人际交往的常见问题

(一)交往需要迫切,主动精神欠缺

人际交往是人的基本需要,当代大学生的交往需要更为强烈、更为迫切。交往需要的迫切性,一方面表现在交往需要的广度上,孔子曰:"独学而无友,则孤陋寡闻。"大学生希望广交朋友,不但想交校内朋友,而且想交社会朋友,渴望建立广泛的友谊。另一方面表现在交往需要的深度上。大学生也希望深交朋友,交知心朋友,能够推心置腹、交流情感,相互理解、互相帮助。大学生迫切的交往需要反映出他们现代交往意识的强化。

(二)注重横向交往,忽视纵向交往

所谓横向交往,是指大学生之间以及与其他同龄青年之间的交往,所谓纵向交往是指大学生与老师、家长等长辈之间的代际交往。大学生交往的一个显著特点就是注重横向交往而忽视纵向交往。据一项调查表明,大学生交往最频繁的是同学,第二位是同龄朋友,第三位是老师。大学生的这一交往倾向和他们的择友标准有着内在的联系,例如有53.2%的大学生把"志趣相投"作为择友的首要标准,只有3.6%的大学生看重"身份地位"。

同学之间理想信念一致,兴趣爱好类同,有共同语言,加之青年期特有的不安和孤独感,他们渴望在同龄人中建立友谊,寻找"知音",所以大学生普遍发展横向交往。在横向交往中,大学生能够相互砥砺,共同进步,相互学习,取长补短,相互理解,解除烦恼。

老师不仅是学生的知识传授者,而且也是学生的做人楷模。与品德高尚、知识渊博的老师结成忘年之交,学生往往可以受益终身。但是,大学生不太注意与老师交往,除上课之外,其他时间很少与老师接触,有时甚至是故意回避,敬而远之。由于成人感和独立性的增强,大学生对于家长主要是在生活上依靠他们帮助,思想上的交流很少,事实上,大学生与长辈之间存在着"代沟"。

（三）交往内容丰富,哥们义气较重

在交往内容方面,据调查,"交流思想"占59.6%;"文体娱乐"占20.7%;"探讨学习"占6.4%;"吃吃喝喝"占4.6%;"其他"占8.7%。大学生参与意识强,视野开阔,兴趣非常广泛,因而他们的交往活动内容丰富,形式多样。既有"官方"组织的各种正式社团,如政治型、学术型、兴趣型、服务型的学社、协会;也有"民间"自发的多种非正式群体,如地缘型、情感型、娱乐型、吃喝型的无形网络。

（四）热衷网络交往,疏远现实交往

网络交往的自由随意性非常符合当下追求精神自由的大学生的心理,这使大学生对网络交往青睐有加。网络能够满足他们感觉的需求,新型的"人机关系"开始出现。但过分依赖网络容易使大学生漠视现实生活中的人际关系,疏远现实生活中的朋友、家人,行为变得孤僻。这些又会引发他们心理上的孤独与压抑,有的会表现为情绪低落、兴趣丧失、精力不足、思维迟缓、自我评价能力降低,有的甚至在心理上出现焦虑、强迫、忧郁、依赖、逃避等特征,从而更加弱化人际沟通能力。

当一个人终日坐在网络终端之前,所有情感都通过机器与一个个匿名人士交流时,他就会与现实生活越走越远,被现实社会隔离,真实的人际关系被切断,长此以往,他就无法在现实社会中找到自己的位置,失去了现实生活中的自我,没有了现实的亲情、友情与爱情,没有丰富多彩的现实生活,只有虚拟的网络世界和冰冷的电脑。还有一部分大学生,终日沉迷于网络游戏、虚拟社区,这就使他们与现实社会中亲朋好友的情感联系减少,同他人的社会交往就会被削弱、割断,使家庭成员、邻里、同学、朋友之间的感情淡漠,原来的人际关系中会出现不确定性,甚至发生破裂和消亡。

从总体上看,大学生交往的内容是健康的,对人际关系和个性发展都起到积极作用。即使是非正式群体,其主流也是好的,必须予以肯定。值得注意的是,在非正式群体交往中存在"哥们义气"的庸俗化倾向。例如,见到哥儿们与人吵架,不问是非曲直,群起而攻之,为"兄弟"两肋插刀,江湖义气甚浓;更有甚者,无视学校纪律,考试联合作弊,困难之时拉兄弟一把,"团结互助",共度难关。大学生交往十分重视感情成分,这本是其优点,但过分强调感情,甚至以感情代替理智,以哥儿们义气代替原则和纪律,便使优点变成了缺点。

二、大学生人际交往问题的成因

(一)社会因素

今天的社会生活背景,是当代大学生交往需要迫切性的客观原因,也是交往内容丰富性的现实基础。我们的社会正处在变革之中,新观念正在确立,旧观念并未完全消除,至今仍在影响着人们的思想。

社会对大学生的影响是一种自发影响,既有积极影响,也有消极影响。社会上一些人互相利用,编织关系网;一些人拉帮结派,搞小集团;一些人任人唯亲,排斥异己;一些人不讲原则,只徇私情。这些不良的社会交往,对大学生起着潜移默化的作用,是哥们义气的社会根源。

(二)自身因素

大学生随着生理、心理的迅速发展,他们的参与意识逐渐增强,渴望认识社会、参与社会,扩大自己的生存空间;大学生远离家庭生活,与亲人分离,情感失落,由于情感补偿的需要,他们渴望与人交往,珍视友谊。这些因素构成了大学生交往需要的内在因素。

由于受传统文化影响的程度不同,对新事物接纳的速度不同,因而形成了不同的人生价值观、道德价值观、人际价值观、审美价值观等不同的价值观念。价值观念不同,缺少共同语言,自然交往就会减少,从而出现代沟。

大学生交往心理障碍的突出原因在于自我评价不当。过低评价自己,产生自卑心理,自卑心理又可以进一步导致羞怯心理;过高评价自己,则产生自负心理,自负心理又可以进一步导致傲慢心理。自我评价的偏差,会导致人际交往过程中的失败。

第四节 大学生人际交往能力的培养

大学生投身于改革,服务于社会,就要掌握和运用一定的交往艺术,并首先从自己所处的班级开始进行人际交往,真正成为班集体的一员,进而参与社会的交往,让社会接受自己。

一、掌握科学的交往艺术

在复杂的人生交往当中,蕴藏着丰富的交往艺术,它的内容是多方面的,包括交往的时机、场合、方式、风度、角色、语言等。这里仅谈如下几个方面。

(一)要有洒脱的交往风度

所谓交往风度就是人在交往活动中一切言行举止概括的总称,是个体心理素质和气质修养的外部体现。洒脱的交往风度主要包括:(1)诚恳的待人态度。不管对待什么交往对象,都应诚恳而直率、平等而亲切。不阿谀奉承、吹牛拍马、拉拉扯扯等。要做老实人、办老实事,要端住而非过于矜持,谦虚而不矫揉造作,坦诚相见,不卑不亢,落落大方。(2)饱满的精神状态。如若精神振奋、情绪饱满,就能活跃交往气氛,丰富交往话题。反之会使对方兴趣索然。(3)周到的仪表礼节。一个人仪表整洁、举止端庄、礼节周到,会产生一种魅力。这种魅力不仅取决于外表,更在于人的内在品格的自然流露。(4)集中注意力。在交往过程中,集中注意力,不仅可以使对方有受到尊重的感觉,同时有助于交谈思路更加条理化,启迪和开阔视野。

(二)要进入角色

角色意识不仅是交往的前提,也是取得成功的重要因素。
严格把握角色的规定性。不同的角色具有不同的特征。在家里,有父亲和母亲、丈夫和妻子及儿女等角色；在工作单位,有经理、厂长、工人、职员等角色。每个角色都具有特定的职能、规范和"演出场合",不能混为一谈。

要细心地把握角色的变换性。所谓"己所不欲,勿施于人",就思维方式而言,学会角色互换要求人们从我向思维转向他向思维,设身处地地从对方角度,把行为主体的自我当作客体的自我来审视和评价。

（三）要讲究语言艺术

语言是人类进行思维和交际的工具。交往双方通过语言开启对方心灵的门扉,或传递社会生活信息,或提出批评与建议。一个人的语言表达能力对他的社会交往顺利与否有很大影响。只有丰富自己的语言"仓库",不断提高驾驭语言艺术的能力,才容易获得成功。掌握语言艺术有如下基本要求。

说话要因人而异。根据交往对象的性别、年龄、职业、生活阅历、社会地位等不同情况采用不同的语言和口吻。如与知心朋友可以开门见山,推心置腹；与生人交谈要讲究分寸；与异性交谈要文雅得体等。

谈话要看场合。不同的场合要求人们交谈的内容和方式有所不同。如待客要热情,做客要注意礼仪。

注意语言表达技巧。其基本要求是叙事条理、层次清楚、富有逻辑性；表达生动,有声有色,具有形象性；情真意切,平易近人,具有感染性；穿插事例,比喻新颖,具有趣味性；吐字清晰,表达贴切,具有准确性；回味无穷,循循善诱,具有启发性。不说与主题无关的废话、玄话、大话、套话和假话。

善于运用礼貌语言。如"您好""请""对不起"等语言,既能拉近双方距离,又能反映出一个人的思想修养水平。

善于运用"体态语言",一方面重在发挥手势的作用,手势可分为清意手势、指示手势、象形手势和象征手势；另一方面又应充分运用面部表情。沃维提乌思说："脸自有它雄辩的声音。"

（四）要有适当的交往尺度

人生交往的适度包括向度、广度、深度和频度。

向度,是关于交往方向性的量度。广度,是关于交往范围的量度,包括交往人数的多少。深度,是关于交往情感状态的量度,即交往双方相互介入对方内心世界的深浅,交往中所涉及的事物的重要程度及人际关系的层次类型等。频度,是关于交往次数的量度,即指交往双方在一定时间内平均交往次数的多少。

在交往的向度、广度、深度和频度上,要掌握适度的原则。适度的含义包括两方面:一方面要处理好与不同交往对象之间的关系等,在深度和频度上既允许有不同,但又要避免使人产生厚此薄彼的感觉。另一方面,要处理好交往活动与其他学习、工作、事业等的关系,二者要兼顾、互相促进,而不能互相影响和干扰。

二、真正成为班集体的一员

大学生入校后进入的第一个大家庭就是班级,他们从这个集体中汲取力量和得到友爱,展开一段难忘的大学生活。班集体对大学生的心理面貌有着深刻的影响。首先,班集体可以培养大学生的集体主义思想。其次,班集体是影响大学生学习进步的一个重要因素。

要使班集体真正成为大学生的"家",首先要求大家处理好个人与集体的关系。"我们"的利益包括了无数个"我"的利益。其次,班集体内部成员之间要建立起和谐的人际关系。每位学生都希望自己所处的集体是友好、充满温暖的。然而,同班、同寝室同学之间常会有矛盾发生。有矛盾并不意味着不团结,但如何解决这些矛盾,则可以看出这个集体的力量。这里的关键是个人要使自己真正成为班集体的一员。

首先,要认识个人对集体的心理相容性。所谓心理相容性,是指个人从心理上、感情上加入集体,成为集体一员的程度或状况。

其次,要在了解自己心理相容性的基础上,善于进行自我调节,以不断提高自己对集体的心理相容性。

三、确立正确的交往准则

为了保证大学生交往活动的健康发展,一方面,我们应该净化社会环境,消除社会不良交往风气对大学生的消极影响;另一方面,我们应该对大学生加强思想教育,帮助他们确立正确的交往准则。

大学生的交往活动,应该建立在社会主义精神文明的基础上,遵循社会道德规范,遵守学校的规章制度。只有这样,才能真正建立健康的人际关系,增进相互间的友谊。否则,吃吃喝喝,交酒肉朋友,朋友犯了错误,视而不见,听而不闻,甚至包庇纵容,这样的"哥们义气"不是真正的友谊。

由于大学生的"哥们义气"主要存在于非正式群体之中,所以我们要重视做好非正式群体的引导工作。非正式群体是大学生交往的普遍形式,它的存在具有客观必然性,是不以人的意志为转移的。但是,非正式群体发展成什么样的状态,却要决定于人的主观因素。如果一个非正式群体的成员能够遵守正确的交往准则,那么将理智成分上升,哥们义气下降;反之,则理智下降,哥们义气上升。由此可见,做好非正式群体引导工作的关键,也正在于帮助大学生确立正确的交往准则。

四、消除先入为主的认知偏差

由于对角色认知的错误,产生错误的角色期待,所以,对对方的交往从一开始就带上了先入为主的偏见,这种偏见还可能因我们的行为唤起对方的同类反应而得到自我"证实"。在日常交往中,对人的这种偏见往往会因为循环"证实"而不断加深,以至成为交往的障碍。人皆有自尊,你期待别人如何待你,你先得如何待人;你要发现别人的长处,就得先抛弃偏见。

大学生在进行人际交往时,既要给人留下良好的第一印象,同时又要消除认知别人只凭第一印象的偏差。消除认知偏差的方法有以下几种:第一,对别人有全面的了解,不能以偏概全,以貌取人,因为个体的个性品质与外貌特征并无本质联系,如相貌堂堂未必正人君子;看上去笑容满面,也许心怀鬼胎;外表冷若冰霜,也许内心有一团火。第二,不能以固有习惯模式对他人进行分类,否则就会形成对他人的固定化的看法。第三,不能以自身当时的情绪状态影响对交往另一方的评价,因为不良的情绪会使情绪主体对他人苛求,从而导致交往结果产生偏差。

五、摆脱孤独感

（一）正确认识自己是摆脱孤独感的前提

孤独者一般都不能正确地认识自己，他们自恃自己有一技之长，或总是想着自己的优点和长处而无法看到他人的闪光点和优势，为此而自命不凡，俨然以优者自居，由于对自己有偏差性认知，要么不尊重别人、看不起别人；要么对别人要求太严，择友标准太高。正因为如此，这种人的孤独引不起别人的同情，相反，别人会瞧不起他。因此，要正确地认识自己，就要有剖析自己的精神，正视自己的弱点，这样便找到了消除孤独感的突破口。

（二）优化性格是摆脱孤独感的关键

大多数孤独的人都与性格有关，孤独者在性格上一般内向、固执。摆脱孤独感的关键是要优化自己的性格。优化的方法和途径有很多，其中最具有实际意义的是多参加有组织的群众性的交往活动，在活动中表现自己，逐步培养自己开朗的性格，敢于与别人交往，虚心听取别人的意见，同时要有与任何人和谐相处的愿望，要有摆脱孤独感的信心。这样，每一次交往都会使其有所收获。久而久之，也就变得合群、乐于交往了。

（三）善于交往是摆脱孤独感的有效方法

孤独感的产生有多方面的原因，但归根到底，孤独是一种主观的心理感受，是缺乏健全的社交生活的结果。在积极的交往活动中，是无暇顾及孤独也不会感到孤独的，所以积极地从事各种闲暇时间的兴趣活动，如集邮、摄影、欣赏音乐、研讨文学等怡情益智的精神活动和健心强身的体育活动，能够使人觉得生活是充实而富有乐趣的。在此基础上积极参加社交活动，并不断扩大交往范围和增加交往频率，这样下去，便会抛弃狭隘的自我、抛弃自我封闭中的孤独感。

六、向自卑和羞怯挑战

自卑和羞怯是人际交往中的心理障碍。自卑和羞怯来源于心理上的一种消极的自我暗示。因此,大学生应用积极的态度来对待自己的不足,驱赶消极的自我暗示所带来的消极情绪,树立信心。充满自信地交往,才能在精神上得到放松,成功的交往又增加了你的自信,从而进入良性循环。人的心灵就像一个丰富的资源仓库,储存着过去的一切,有成功的经验,也有失败的教训。而对于那些痛苦不堪的失败的记忆,如果不设法消除,就会影响今后的人际交往。

七、消除嫉妒感

嫉妒感是一种打击别人,抬高自己的唯我独尊心理。嫉妒心理影响人际交往,破坏人际关系,那么,如何消除呢?

第一,通过自我控制。自我调节逐渐克服嫉妒心理。嫉妒心理不是天生的,是后天环境下形成的,也可以说是从小到大逐步学习来的,所以我们通过学习自我控制、自我调节来逐渐矫正自己的行为,克服嫉妒心理。

第二,树立远大理想,培养共产主义世界观。要想彻底抛弃嫉妒心理,就必须树立远大理想和培养共产主义世界观。

第三,从"我"或"私"字里解放出来。嫉妒心理产生的要害是以"我"或"私"字为中心,只想自己的荣誉、地位、利益。因此,如果不从"我"或"私"字里解放出来,嫉妒心理就难以彻底消除。

此外,还要加强意志力的培养,在自身行为矫正的过程中要有意志力。还可以通过转移注意力摆脱产生嫉妒心理的情境等。

八、正确地对待生活

在社会生活中,每个人都因为特定的生活经历而形成一定的心境,处于特定心境的人,往往会戴上一副有色眼镜去看待世界,看待周围的人,这就势必影响着他与别人交往的态度和方式。

在生活中,有的人由于种种心灵的创伤,而把自己关闭起来不与人交往;也有的人以清高脱俗的态度来对待人生,而不屑与周围的人为伍。两种类型的人在大学生中是存在的,而且在很大程度上影响了他们的人际交往。

　　对于大学生来讲,要善于发现别人身上的闪光点,这样才能找到更多的朋友、知音,并要在正确评价别人的同时认识自己。另外,还要有对美好生活的渴望。一个憧憬美好生活的人,就会正视自己,用正确的态度对待人生中的一切,这样就会带着爱、带着友谊、带着清纯的心与人交往,而得到的也是同样纯真的友谊和真诚的心。在美好的生活中加强了对生活的热爱,人际关系会更加协调。

第六章

大学生情绪问题

　　提起"情绪"一词，既让我们感到熟悉，又让我们感到陌生。熟悉的是，每一个个体，每时每刻都处在一定的情绪状态下，或平静或激动，或愉快或愤怒……然而，我们对它又是陌生的，因为它是人类心理现象中最复杂的方面，当我们处于某种情绪状态时，有时不知所措，而审视其导致的行为时，也常常令我们自身捉摸不透，表现出我们驾驭情绪的能力的软弱性。大学生的健康成长，与他们的情绪发展紧密联系。大学生正处在风华正茂的青年期，是情感丰富多彩并趋于成熟定型的关键时刻。因此，了解情绪的一般特征和规律，审视大学生情绪心理发展过程的轨迹和特点，初步掌握有效调节、控制情绪的途径和方法，保持乐观向上、积极进取的健康心理，对于大学生正确认识和把握自己的情绪，不断丰富和陶冶情感，成为德、智、体、美全面发展的合格人才，是十分有益和非常必要的。

第一节　情绪概述

　　渴望成才的大学生,要注意控制那些本能的、消极的不良情绪,发展积极的情绪体验,培养高级情感,进而保持乐观、进取、高尚的情操,为顺利成才、尽快成才奠定良好的基础。

　　日常生活中,每个人都有各种各样的情绪体验,遇到高兴的事,心里总有一种难以表达的喜悦;遇到不高兴的事,常有沮丧、愤怒、悲伤等情绪反应。但是,有些意外的不幸或屡次挫折会使一些人陷入消极的情绪状态中,使人的心情抑郁,或是焦虑不安,或是情绪急躁。这些情绪在大学生中也是时常出现的。

一、情绪的概念

　　情绪是人对客观现实的一种反映形式,是客观事物是否符合人的需要与愿望、观点而产生的一种体验。具体来说它有如下两个方面的含义。客观现实是人类情绪产生的源泉。心理学认为,客观现实是人的情绪的源泉。这是由人的本质属性以及与客观现实的相互关系所决定的。人只有在丰富多彩的客观世界中,在客观事物的刺激和影响下,才能产生相应的主观评价和态度,也才能表现出多姿多态的情绪体验。

　　需要是客观现实和主观体验的中介。情绪作为一种主观体验,它所反映的不是客观事物本身,而是主体的需要和客体相互作用的结果。现实世界中的事物是千姿百态的,但人并不是对所有事物都会产生情绪体验。使人情绪发生变化的关键,与某事物的发生以及人的需要程度有关。例如,在一般情况下,说话声并不能引起我们的情绪体验,但当我们需要冷静地集中思考某问题时,说话声可能就会引起不快的情绪体验;当你急切地盼望下课时,铃声就会使你感到欣喜。这说明客体能否引起人的情绪是以人的需要为中介的。凡是能满足人的需要、愿望与观点的客观事物,就能使人产生积极的情绪体验,如愉快、喜爱、满足等肯定的情绪体验;凡是不符合或不满足人的需要或违背人的愿望和观点的客观事物,就能使人产生消极的情绪体验,如厌恶、不满、痛恨等。

情绪与情感的同一性与差异性。通常我们把情绪与情感作统一的理解,这正像《牛津英语词典》从心理学的角度给情绪下的定义一样,认为情绪是一种不同于认知或意志的精神上的情感或感情。情绪和情感都是对客观现实的反映形式和主观体验。但两者又是有差异的。这种联系与区别具体体现为:情绪和情感是相互联系、相互制约的。这种联系表现为:情绪是情感的外在表现形式,而情感是情绪的本质内容。也就是说,任何情感都是在情绪基础上发展起来的,不带情绪的情感是不存在的。情绪与情感又是相互区别的,具体表现在以下几方面。

第一,情绪与需要(特别是生理需要与自然性需要)、机体的活动、感知觉相关联;而情感则更多地与社会性需要、对社会的愿望与观点等相关联。因此,情绪为人与动物共有,情感为人类所独有,情感的内容是社会关系的反映。

第二,情绪具有动态性和浅表性,而情感具有稳定性和深刻性。情绪随情境和需要的变化而发生和发展,因此带有更多的冲动性和外显表现,如手舞足蹈、暴跳如雷等。

情感则是人对主、客体关系的概括、深入的认知和稳定的态度,比如,一个人对于腐败现象总是疾恶如仇,我们就说他具有正义感。与情绪不同,情感多以内隐、含蓄的形式表现出来并始终处于意识支配的范围内。

二、情绪的类型

由于客观现实和主观体验的多样性和复杂性,心理学界对情绪的划分很不一致。比如,我国古代有"六情说",即:喜、怒、哀、乐、爱、悲;"七情说",即:喜、怒、哀、乐、惧、爱、恶。

苏联的心理学家则根据情绪持续的时间和强度把情绪分为三种状态,即心境:一种比较微弱、平静而持久的情绪状态;激情:一种较猛烈、爆发性的时间短暂的情绪状态;应激:心理上的一种紧张状态。他们又把情感分为道德感、理智感和美感。现代心理学又把道德感、理智感和美感等复杂的情感统称为情操。

尽管国内外对情绪的分类众说纷纭，但最基本的情绪形式却是众人共知的，那就是喜、怒、哀、惧。根据强度不同，喜又可分为满意、愉快、欢乐和狂喜等；怒又分为不满、生气、恼怒、激怒、大怒、暴怒；哀可分为遗憾、失望、难过、悲伤和哀痛；惧则有奇怪、陌生、惧怕之分。这四种基本情绪相互合成，构成了其他更为丰富的情绪，如厌恶、轻松、自卑、悔恨、愤怒、热爱、仇恨、尊敬与轻视等。

第二节　大学生的情绪

一、大学生情绪具有强烈的跌宕性

大学生热情奔放，容易激动，有着丰富、复杂、强烈、有如"疾风怒涛"般的情绪世界。他们时而热情奔放、激昂慷慨，时而忧郁悲观，怨天尤人，高兴时手舞足蹈，消沉时无精打采，苦闷时受鼓舞能精神振奋，兴奋时遭挫折则灰心丧气，喜怒哀乐溢于言表。个别心胸不够宽广的人，甚至会走上轻生之路。

相当一部分刚跨进大学校门的同学，争强好胜，自尊心极强，事事不甘落后于人，有一股蓬勃向上的朝气和热情，对一切充满了憧憬和幻想。然而经过一段时间观察会发现，大学校园群英荟萃，高中时代自己"鹤立鸡群"，现在反而成了"马尾牛后"。他们中一部分人的情绪会顿时由自尊热情转变为自卑消沉，感到懊恼泄气，甚至因此陷入极度苦闷而不能自拔，出现情绪的大起大落。此外，女大学生一般比男同学更富于浪漫的想象力，他们经常在梦幻中编织着美妙的生活图景。

二、大学生情绪鲜明的层次性

大多数新生对自己能够跨进大学校门感到自豪和满足，难免有些飘飘然，个别人优越感达到顶峰，但对于迥然不同于中学时代的生活环境、师生同学、学习方式，会感到茫然不知所措。他们对各种知识领域有广泛的兴趣，要求更多的个人自由和牢固的友谊，尤其需要坦率和诚实。但由于他们摆不正个人与社会、与集体的关系和位置,往往会使其行动表现得盲目自信和过于自负。

但大四学生经过几年的学习,大体掌握了教学大纲所要求的各种知识,世界观基本形成并有一定的深度,有一定的分析和解决问题的能力。他们的情绪趋于稳定,但由于面临毕业和择业,精神上又处于一种紧张状态。概括起来,四年级大学生程度不同地存在着以下三种心理状态:(1)紧迫感。(2)责任感。能够抓紧在校的有限时间,争取在政治和业务上再有所提高。(3)忧虑感。担心学非所用,将来胜任不了所承担的工作任务;考虑未来工作单位是否理想,能否发挥自己的才能。

此外,大四学生不像其他年级大学生那样兴趣广泛,集体观念逐渐淡化,班级也出现松弛趋势。据此看来,从低年级到高年级,大学生情绪的波动性逐渐减弱,稳定性日趋增强。

大学生正处于人生成长的关键时期,也是最具特色的时期。一方面生理发育已趋于成熟,完成了从生理上的"儿童"到生理"成人"的过渡;另一方面,心理上正在趋向成熟,从而表现出成人化的心理特征,同时也必然伴随这样一个生理与心理需要进行调整、重新"整合"时期所面临的急剧的心理动荡和变化。

大学生的情绪虽说比中学生更具稳定性,但同成人相比,情绪波动性很明显。据某校对近 2000 名大学生的调查显示,有 44.6% 的同学认为自己"情绪起伏较大",充分说明了大学生情绪的这一特征。

第三节　大学生常见的情绪问题

一、大学生中常见的不良情绪及其表现

大学生的生活是紧张而又丰富多彩的。因此,随着年龄的增长和活动范围的扩展,大学生内在需要的结构不断改组、重建,必然导致内心体验的振荡变化。这种变化在反映出大学生强烈的进取精神和良好的情绪品质的同时,也暴露出许多弱点。例如,情绪极易受情境气氛的感染,产生冲动等。实际上,从心理卫生学的角度看,任何一种情绪的产生

都有其生理、心理的价值,我们在这里所讲的不良情绪,是指某种情绪作用时间过长或作用强度过大,对身心带来危害的情绪,其中既包括某些积极情绪也包括某些消极情绪。情绪反应是否正常、健康,一个重要的标志是情绪反应是否适时适度。下面列举的是大学生中几种常见的不良情绪。

（一）狂喜

人逢喜事精神爽,春风得意马蹄疾。快乐的情绪对每个人都是必要的,对人的身心健康和事业成功也是有益的。但遇到高兴的事,就欣喜若狂,手舞足蹈,忘乎所以,没有节制,就会起到相反的作用。俗话说乐极生悲,有的大学生取得一些成绩便沾沾自喜,终日沉浸在喜悦和自豪之中不能自已,久久不能步入正常的学习生活,影响了学业。还有的同学为了满足自己的兴趣爱好,尽情地跳舞、游玩、打牌、下棋、参加体育比赛,弄得精神疲惫,无心学习,事后又感到极度的空虚,造成精神压力大。这说明适时、适度的积极情绪是有利于身心健康和成才的,但积极情绪也会因反应过度对人的全面发展造成不良影响。

（二）过度焦虑

焦虑是指内心紧张、预感到似乎即将发生某种不良后果时的一种不安情绪。焦虑是由几种情绪混合而成的情绪体验。焦虑情绪可能突然发生,也可能缓慢产生。产生焦虑情绪时,人们会感到内心有一种难以适应的紧张与恐惧。一般情况下,当造成情绪紧张的外部刺激消失后,紧张就会解除,机体就会恢复到原来的正常状态。因此,从心理健康的角度,紧张和焦虑并非一定是消极的,积极的紧张往往会产生积极的效果,如有利于集中注意力,认真分析现实,积极思考消除紧张的对策和方法;有利于分析动机,修正目标;有利于调动潜能和思维。

怎样知道自己是否过分焦虑呢?从生理反应来看,出现心跳加快、出汗、失眠、食欲缺乏、神经过敏等表现;从心理行为来看,总觉得心慌意乱、坐立不安、浑身无力、情绪消沉、思维杂乱、注意力分散、做事急躁、言语激动等,都是焦虑的典型表现。当出现持续的上述反应,若通过主观努力还无法消除时,就是过分的焦虑情绪了。焦虑情绪的产生往往与缺乏自信心和出现认知障碍等有密切关系。

（三）持续抑郁

郁郁寡欢、愁绪满怀、意志消沉、自卑内疚，甚至日不思食、夜不能眠等，都是抑郁情绪的典型表现。抑郁情绪也有正常和不正常之区分。正常的抑郁情绪大多与客观原因有密切联系，如高考落榜、情场失意、亲人亡故、学习和事业受挫等，这些客观原因往往能导致人的精神受到严重创伤和刺激。但这种由有形原因引起的抑郁情绪反应，往往不会影响人参加正常的学习和生活，而且经过一段时间后，这种情绪反应逐渐减弱甚至可以消失。而不正常的抑郁情绪则刚好相反：一是持续时间长；二是情绪低落但找不到明确原因，表现为"不知为什么，情绪总是很低落"，"对什么都不感兴趣"，或是由一些轻微细小的生活事件激发，便开始杞人忧天或怨天尤人。在这种情绪状态下，良辰美景、鲜花圆月、轻歌曼舞都变成了灰色的和毫无生气的。

（四）自卑感

自卑感是一种轻视自己或对自己不满意，认为自己不如别人的情绪体验，这是一种带有自我否定倾向的情绪体验。具有自卑感的人，往往具有内向、敏感和多疑等人格特征，在行为上则表现为少言寡语，不善于甚至不愿意交往，行为上退缩等特点。从自卑感发生的强度来划分，可分为轻微的自卑感和过度的自卑感。一般情况下，轻微的自卑感大多与某些具体的失败经历有密切关系，但经过调整可以很快克服。过度的自卑感则与屡次遭受挫折有关，有把具体的失败体验泛化到一切事情及经历的倾向，因此往往导致情绪消沉甚至自毁。

（五）自负

自负是自以为了不起，比别人强，看不起别人的一种情绪体验。这是一种过度的自我接受的倾向。大学生自负情绪的表现不像中小学生那样外露，但也能从言谈举止中明显地表露出来。如常常表现出对别人的讲话、成绩不屑一顾，挑毛病等。自负情绪的产生往往与对他人评价和自我评价有关。那些能力强、知识面广、机灵、聪明、学习好、家庭条件优越的大学生容易产生自负情绪。还有的同学的自负情绪产生于对别人的过低评价和过高的自我评价，这样的同学往往只看到自己的长处和别人的短处，其后果可能是上进心被削弱，学习成绩下降，也可能因此而造成人际关系紧张,严重的还会助长自私自利心理产生。

（六）冷漠

冷漠是一种对人和事都漠不关心的情绪体验。一般来讲,大学生正处于人生的金色年华,对于很多事情都会产生浓厚的兴趣并注入极大的热情。但有的大学生却表现出对一切都冷漠、不关心痛痒的态度。有的心理学家认为,这种现象是一种个体对挫折环境的自我逃避式的退缩性心理的反应,带有一定自我保护或自我防御的性质。这种情绪的产生大多与个体所处环境以及个性特点有很大关系。

二、影响大学生情绪的主要因素

（一）社会因素

社会的要求也成为支配和制约大学生需要的条件。在这种情况下,大学生的情绪变化,往往与对社会的看法及价值观密切相关。如,社会上有人宣传"读书无用论""挣钱是最有出息的",这些言论会损伤一些同学的学习积极性,并因此形成一些困惑,导致无形的精神压力的产生。

（二）生物因素

当出现中枢神经感染、中毒、缺氧、外伤、血管性疾病、肿瘤、变性、营养代谢障碍等状况时,都会引起情绪的剧烈变化。一些较严重的内脏疾病也容易引起情绪障碍。

（三）心理因素

生物因素对情绪的影响是明显的,但不具有决定性的作用。因为任何一种的生理不良反应,都经过心理活动的转化而通过某种情绪状态表现出来。但与此相反,心理因素对情绪的作用却是决定性的。

1.绝对化的要求

指人们以自己的意愿为出发点,对某一事物怀有必定发生或不会这样发生的信念,对事物做出绝对化的判断。这种信念通常与"必须""应该"等词相联系。如有的大学生认为一名优秀的大学生就应该在各方面都非常优秀,有一点瑕疵就无法容忍;对于那些卑鄙、丑恶的人,社会应该给予严厉的指责和惩罚。这样的人往往按照自己的意愿去评价周围的事物,而忽视客观事物的规律性。因此,极易陷入情绪的困扰。

2. 过分概括化

这是一种以偏概全的不合理的思维方式。这种概括化,既可能发生在自己身上,也可能发生在对他人的评价上。如有的大学生一次考试失利就认为自己无能,结果导致自责、自卑、焦虑或抑郁等不良情绪的产生。另外,这种思维方式还表现在对他人的评价上,因他人的一次或几次错误或失误,会一味地责备、贬低他人,并由此导致敌意或愤怒情绪的产生。

3. 糟糕至极

这是一种认为某一事情一旦发生就会非常可怕、非常糟糕的信念。如有的大学生认为"考试不及格简直无脸见人""无法忍受失恋的痛苦"等。这些想法会导致个体陷入极端不良的情绪体验(如耻辱、自罪、自责、焦虑、悲观、抑郁等)之中。实际上,任何事情都有可能发生比想象还坏的情景,但也没有必要把任何一件事看作是百分之百的糟糕。在人生旅途之中,确实会碰到许多不如人意的事情发生,尽管我们不希望它发生,但没有任何理由说这些事情绝对不应该发生,而是要面对现实,努力改变引起情绪困扰的情境,学会在逆境中生活。

影响情绪的另一个心理因素是个体的心理冲突。对于处于心理发展关键时期的大学生来讲,需要是多层次的,既有最起码的生存和安全需要,也有社会交往、爱和自我实现等各方面的需要。因此就会引发各种动机,当这些动机无法协调一致时,就会出现矛盾,由此造成激烈的内心冲突和巨大的精神痛苦。

(四)家庭因素

虽然上大学以后,已远离了家庭,但十几年来家庭的影响却是根深蒂固的。家庭的任何一点微小的变化、家庭成员的任何态度都会引起大学生情绪的波动。同时,良好的家庭关系,也是抵抗情绪困扰的最好武器。

（五）校园因素

校园是大学生学习和生活的场所,他们的喜、怒、哀、乐都和校园密切联系在一起。学校提供了大学生增长知识、开阔眼界、培养才能的条件。同时,学校的规章制度、某些教育方式和方法失当,与大学生的自身需要造成矛盾,也易给大学生带来极大的压力,造成情绪困扰。

第四节　大学生常见情绪问题的调适

一、情绪与健康

情绪是一个人内在精神世界的反映,是它的外部表现。情绪是观察一个人对他人他事真实情感的窗口,能自动地把一个人对外在世界的印象和体验反映出来,情绪是衡量一个人思想觉悟的尺度之一。

情绪对生理健康的影响极大,《黄帝内经》中总结出了"怒伤肝,喜伤心,思伤脾,忧伤肺,恐伤肾"的理论,可见控制消极情绪对预防疾病有很大的意义。愉悦乐观的情绪能够增强消化道分泌、运动和吸收热能力,提高脑功能,使呼吸、循环、内分泌、体温、代谢功能和内环境保持稳定,免疫功能增强,使应激性激素的分泌减少,这些都对人体健康有利。乐观的人,人际关系好,工作效率高,更富创造性。

乐观是长寿的原因之一,"笑一笑,十年少",笑不仅可以放松一天的紧张,还可以通过腹肌活动和其他肌肉运动起到减肥、增健的作用。但过度高兴也是应激,将引起应激性激素分泌增多,使血压升高,心脏负担加大,"喜伤心"就是这个道理。大量研究表明,情绪抑郁容易导致高血压、冠心病、癌症等疾病。

二、大学生情绪调适的途径与方法

（一）提高挫折容忍力

提高挫折容忍力的措施有如下。

（1）对挫折有充分的思想准备，遇事考虑到可能遭到的挫折，有了思想准备，就能披荆斩棘不徘徊。

（2）看到挫折有利的一面。适度的压力有利于调动机体能量，思想上的压力常是精神上的兴奋剂。自古逆境出人才，要把挫折看作是对自己的考验和锻炼。

（3）加强意志力的培养。要树立积极的人生观和远大的目标，有意识地寻找一些有一定难度的事磨炼自己的意志，培养百折不挠、勇于探索的精神。

（4）健全心理防卫机制。防卫机制是保护自我不受因挫折而引起的创伤和痛苦损害的一种心理机制，其基本功能是减轻焦虑。防卫机制可有积极与消极之分。积极的防卫机制促使人产生奋发向上的力量，是战胜挫折的根本方法。它主要包括以下几方面。

第一，升华。指个体将因挫折产生的压力引向崇高的，对社会具有创造性和建设性作用的活动上去。如大学生失恋后全身心投入学习活动中，即是一种升华。

第二，理智。指以积极的态度承认和正视挫折，分析其原因和总结经验，并以坚定的信念、顽强的意志和科学的方法战胜挫折。它是一个人心理成熟的重要标志。

第三，补偿。当某种动机受到挫折不能达到目标时，以另一种目标代替。例如，有的大学生因有某种生理缺陷无法在运动场上胜过别人，因而在学习上加倍努力以取得好成绩来维护自尊。

第四，幽默。幽默也是一种积极的防卫机制。除了积极的防卫机制外，人们在遭受挫折后还会使用一些多少带有消极性的防卫机制来保护自己。

例如，投射，即认为他人具有与自己类似的动机、情感或欲望，以此为自己的行为辩护；文饰，即为自己的行为寻找社会可接受的理由以维护自尊，"甜柠檬反应"和"酸葡萄反应"是两种典型的文饰反应；自居，即把他人具有的，使自己感到羡慕的品质附加到自己身上，以使自己得到间接的荣耀，减低挫折感；反向，即行为向动机相反的方向进行，如虚张声势可能反应内心的惧怕；压抑，即设法使自己不注意那些引起焦虑的特定思想、愿望或记忆而减轻焦虑。

上述消极的防卫机制使人否定或脱离现实，曲解引起焦虑的事件，因而能暂时将焦虑减少到最低限度，使内心获得平衡。但消极性的防卫机制只可作为缓解痛苦、避免精神崩溃的权宜之计,使用过多过久,则可能导致焦虑加重并进入恶性循环。大学生们应着重发展积极的防卫机制,提高战胜挫折的能力。

（二）善于克制和宣泄情绪

大学生对不良情绪要加以克制,善于制怒和适当忍让、回避,以减低或避免激情爆发。如盛怒时可以找件体力活猛干一阵,或进行运动,或者作诗、作画、写书法,以此克制和宣泄情绪。

（三）创造健康的社会心理氛围

健康的社会心理氛围是大学生情绪健康的良好基础。某些不良的情绪刺激是社会生活环境导致的。大学生应积极营造良好的心理氛围,陶冶情操,训练情感,积极寻求宣泄情绪的途径。心理咨询是大学生情绪调适的有力支持手段。

心理咨询服务有很多,包括帮助求助者宣泄、排解和疏导感情冲突,缓解其情绪压力,协助求助者改进认知结构,以新的正常经验代替旧的反常经验,树立对人、对己、对事的正确观点与态度;帮助求助者更好地适应社会,建立和谐的人际关系,提高学习和生活效率,挖掘自身潜能;帮助求助者排除心理障碍,促进自然恢复与成长。

20世纪80年代以来,除了一些大中城市精神病院和部分综合性医院开设了心理咨询门诊外,许多高等院校也建立了心理咨询机构,这对广大青年学生的身心健康和全面发展产生了积极影响。寻求心理咨询的帮助已成为当代大学生排除心理障碍、预防和治疗心理疾病、保持心理健康的重要途径。

（四）学会调节和控制情绪

尽管研究者们把"情商"的内涵不断丰富,但其核心的问题仍然是如何有效地调节、有效地控制情绪的问题。因此,从这个意义上,高情商的培养和健康情绪的培养是一致的,都是为了促进人生良好、健康地发展。基于这种考虑,我们在这里将从更广的角度来讨论如何学会调节和控制情绪,而不仅仅从克制和约束情绪表达的方面来进行讨论。

1. 正确地表达自己的情绪体验

在一般情况下,考试成绩优秀、获得奖励、作品发表等会导致喜悦的情绪产生,当事人应该知道是什么导致了了喜悦情绪的产生和为什么喜悦而不愤怒,而不是任由莫名其妙、不明原因的情绪出现。

情绪反应与情境刺激相一致。这里的一致性主要是指刺激强度和反应强度的一致性。过强或过弱的反应都是不正常的现象。如,高考落榜,对每个有求学愿望的学生来说都是一个沉重的打击。但如果有人因此而反应剧烈,日不思食、夜不能寐,甚至轻生等,就是反应过分强烈了。但如果有人因落榜而欣喜若狂,也是不正常的情绪反应。通常,人们把能够抑制情绪反应看成是理性的胜利,但从心理健康的角度看,情绪反应过弱也是不正常的。一旦出现笑不敢张口、哭不能流泪、怒不敢言的情绪反应,对人的健康肯定也是有危害的。

情绪的产生是一定的客观环境和个体认知状况共同作用的结果。情绪反应随着环境和认知水平的变化而变化。如果环境变化没有引起相应的情绪变化,则情绪可能会有非正常反应。如,与某人的一点摩擦,导致人际关系紧张,心里感到很懊恼。但如果过了许多年后仍然为此而耿耿于怀就是不正常的。再如,亲人亡故,恋人失和,情绪反应可能既强烈,持续时间又较长,但如果因此而漫无止境地陷于某种情绪之中不能自拔,就不利于身心健康了。

2. 克服不良情绪

消极的、不良的情绪对身心健康的危害是显而易见的。但怎样才能克服不良的情绪呢？下面的方法,仅供大家参考。

（1）宣泄。宣泄是指采用一定的方法和方式,把个体的情绪体验充分表达出来。与宣泄相对应的压抑,会造成心情紧张、烦恼,引起生理和心理功能紊乱和下降,引起情绪泛化,而影响正常的学习和生活。

（2）转移。当感到苦恼、压抑时去参加一些娱乐活动,便可使不良情绪有所缓解。当然,转移的方式,是看电影、下棋、打球还是去跳舞、散步,应根据个人的具体情况而定。

（3）自我安慰。

（4）积极的自我暗示。比如当意识到自己的情绪过分激动时,使用内部语言"冷静一点,再冷静一点",就可能使情绪得到控制。"不能恼火""不要紧张",默读"1,2,3,4,5,6,7",然后马上离开,"我很放松""我很舒服"等,都是与某些不良情绪相对应的内部语言。另外,在日记中自我激励、自我安慰等对情绪都能起到控制和调节作用。

（5）调整认知结构。认知心理学认为,认知是人对刺激做出反应的中介,认知对情绪、行为有决定作用。由于心理发展还没有完全成熟,许多大学生对于周围事物的想法或观点容易出现偏差,继而带来情绪困扰。因此,对于心智发展水平很高的大学生来讲,通过调整认知结构,客观、合理地分析和评价引起情绪变化的主客观原因,不失为调节和控制情绪的好方法。

3.保持和创造快乐情绪

人类不仅具有改变不良情绪的能力,更具备创造快乐情绪的能力。我们认为如下方法可以帮助个体保持和创造快乐情绪。

（1）知足常乐。知足常乐的秘诀在于把理想和需要定得切合实际,增加获得成功体验的机会。

（2）增强自信心。只有自信的人,才能是快乐的。增强自信心是获得愉快情绪的基本条件。

（3）创造快乐。快乐离每个人都不远,但有人善于发掘它,有人却任其从身边悄悄溜走。善于创造快乐的人,一是善于用微笑迎接困难,从战胜困难的努力中寻找自己的乐趣;二是善于从身边平凡的琐事中发掘乐趣,积极参与生活,体验生活乐趣。

（4）多点宽容,少些责备。这里的宽容既包括对自己也包括对他人。对于成长关键时期的大学生来说,对自己严格要求,为自己设立一定的目标并为之努力,是进取的表现。但当目标过高,对自己要求过严甚至苛刻时,就会给自己的身心带来不良影响。对他人也是如此。如果多点宽容、少些责备则有助于保持快乐情绪。

（5）多交朋友。多交朋友具有减缓痛苦、增加快乐的功能。

（五）培养高级情感

情绪和情感都是人在活动中对客观事物所持的态度的体验,但两者又是有区别的。情感不仅与个体需要相联系,更与社会需求密切相关。因此,培养健康情绪的一个关键环节是高级情感的培养。

1. 大学生的高级情感及其特征

高级情感是指人的复杂的社会情感,高级情感可分为理智感、道德感和美感三种。

(1)理智感

理智感是人在认识客观事物、探求真理的过程中,求知欲、兴趣和创造意识等需要是否获得满足时所产生的情感体验。理智感在智能活动中产生。所以,理智感实际就是人们追求真理的情感。理智感在人的智能活动中的作用是巨大的,它是大学生重要的精神力量和必备的心理素质。

凡涉及大学生智力活动的场合,大学生的理智感都有明显的表现,如对获得新知识、新思想时愉快、满意的情感体验等。大学生理智感的状况与志趣的取向有密切的联系。这主要表现为同一学生对不同学科的兴趣差异将影响理智感的状态。反过来讲,对学科缺乏兴趣,是影响大学生理智感发展的重要原因。

(2)道德感

道德感是反映一定社会道德规范所形成的道德需要是否得到满足而产生的情感体验。这是在一定社会文化背景下,根据道德准则和规范来认识和评价他人及自己的言行所产生的主观体验。对大学生来说,道德感主要包括:对祖国和民族的自豪感和尊严感;对敌人的仇恨感;对不良行为的正义感、鄙视感;对集体的集体感、荣誉感;对同学的友谊感;对学习、劳动及社会活动的义务感、责任感;对事业的使命感等。

经过十几年的校内外教育,绝大多数大学生已初步形成了鲜明的、正确的和健康的道德感。具体表现在对祖国和人民的热爱,对歪风邪气的憎恶。强烈的集体荣誉感和责任感表现了大学生道德感逐渐成熟的一面。

与大学生其他心理发育一样,许多大学生道德感也有不成熟的一面。如,道德观念与道德行为不一致,出现一些违反道德准则和规范的行为,有些人甚至堕落犯罪。

(3)美感

美感是客观事物是否符合个人审美需要而产生的情感体验。美感的水平同文化修养、能力和个性特征密切相关,也与时代性、民族性有着不可分割的联系。按照审美对象来划分,美感可被分为:自然美感、社会美感、艺术美感和科学美感等。美感是从具体的形象得来的,因此具有形象直观性和可感性。如,对自然事物的赞美;对社会生活的向往和对人与人之间和谐关系的称羡;对音乐、美术、舞蹈的欣赏等。由于美感包含内容的丰富性和复杂性,以及大学生校园活动的特殊性,决定了大学生的各类美感都有一定程度的发展。但是由于文化水平、能力和个性特征的差异性,又决定了美感在不同个体中存在比其他情感更明显的差异性。

2. 培养高级情感的主要途径

情感特别是高级情感是与社会需求密切相关的。只有被个体和社会都接受的需求,才有助于个人发展和社会进步。

（1）认识自己、认识社会

只有对自己有较全面而深刻的认识,才能发现自己需要什么,也只有认识社会,才能在个体需求和社会规范、社会需求中建立和谐的联系。

（2）丰富知识和经验

对客观事物所持的态度和体验往往是与个体对客观事物所知多少及已有的经验分不开的。积累大量的生活经验,是以丰富的生活内容为基础的。如果一个大学生不乐于参加各种活动,整天过着宿舍、食堂、教室三点一线的单调日子,就会感到生活单调、无聊,甚至精神空虚,理智感、道德感、美感必然得不到良好的发展。

（3）优化个性品质

在个性品质中,意志品质将对培养高级情感产生深刻的影响。因为意志薄弱者永远做自己不良情绪的俘虏,只有意志坚强的人,才能做自己情感的主人。从这个意义上讲,优化个性品质特别是意志品质是培养高级情感的重要途径。

第七章

大学生恋爱心理

　　大学校园这一环境非常特殊,其中各种观点、各种思想会出现冲突和激荡。在这个充满活力的大学校园之中,有着浓厚的学术氛围与文化气息,各种信息聚集。大学时期是大学生人生旅途的转折点,是大学生从幼稚走向成熟的重要阶段。同时,大学生的世界观、人生观、价值观、爱情观等也会在这一阶段逐渐形成。当前,我国的大学生多是以寄宿为主,因此校园承担着社会与家庭双重责任,大学生的生活多在校园度过,并且生活中的主要信息也是从校园中来的。很多开放的大学校园也逐渐突破封闭的状态,社会上的各种思想也会对大学生产生影响。在大学生爱情观的形成中,大学生的恋爱教育势在必行。了解学生的恋爱心理,是把握大学生行为的一把钥匙,是学生工作中的重要组成部分。基于此,本章就对大学生恋爱心理展开研究。

第一节　爱情概述

一、爱情的含义

　　爱情是男女双方基于一定的客观物质基础和共同的生活理想,渴望成为终身伴侣的牢固的、专一的感情。爱情是人类特有的心理现象,是一种高级的精神生活;爱情又是人类特有的社会现象,它不仅是延续种族的本能,而且是融合了各种成分的完整体系,是社会性的道德关系、审美关系的体验。爱情是一种很复杂的感情,爱情中包含了情欲和性欲,男女之间相互的性的吸引是爱情的动力和内在的本质,是爱情产生的基础。性爱是爱情的躯壳,没有性爱,不可能产生爱情,男女间充其量只能说是友情;情爱是爱情的内容,是爱情的灵魂,光有性爱没有情爱的爱情,只会是畸形的、被扭曲了的。因此,恋爱中表现出性意向是完全正常的。但是爱情更具有社会性,只能在一定的社会道德规范下产生或流露,这就导致了情欲表现的复杂性。一方面,性本能是一种无目的的内在力量;另一方面,青年男女必须按照社会规范行事,因此在情欲表露上往往不是直接的、冲动的,而是理智的、综合的。黑格尔说:"爱情里确实有一种高尚的品质,因为它不只停留在性欲上,而是显出一种本身丰富的高尚优美的心灵,要求以生动活泼、勇敢和牺牲精神和另一个人达到统一。"这段话深刻地揭示了爱情中情爱的内涵。真正的爱情是不掺杂任何私欲的,是以自己的付出来满足对方为最大快乐的。这里不存在感情付出的补偿问题,恋爱双方也不会计较利益的得失。如果讲利益的话,只能是把双方的幸福作为共同的利益来维护。

二、爱情的心理结构

恋爱的心理构成主要有这样四个要素:性心理的发展、恋爱的心理意识、异性素质和生活实践。

(一)性心理的发展

大体上要经历性疏远、性亲近和恋爱三个阶段。性疏远现象的出现是一个正常的心理过程,它标志着人的性意识的觉醒。这种特异的性反感情绪,逆反性地刺激着他(她)们对异性之间接触的好奇感,于是,促进了性疏远阶段向性亲近阶段的过渡。性亲近期的男女青年,既有一种自然的亲和力和吸引力,又有一种不自然的逃避和羞怯。性亲近阶段是进行性教育的重要时期。由于对性的好奇与无知相并存,构成了这一阶段的特殊矛盾,如果不能妥善地加以引导和控制,极易发生各种以性为诱因的过失甚至犯罪行为。故有的心理学家称这一阶段为"危险年龄阶段"。因此,需要学校、家庭和社会各方面的共同努力,为青少年创造合适的环境,通过正确而讲究艺术的教育方式,使他们性亲近期的需求得到合理调节、替换和升华,以保证其身心得到健康发展。

恋爱阶段是性亲近阶段的自然延续,由于年龄的增长和阅历的丰富,处于这一阶段的青年大部分已脱去了性亲近阶段的冲动和冒失,爱情也专一地集中到某一个异性身上。在性心理的发展中,性本能所导致的两性吸引力,是爱情的生理基础,也是恋爱的一个心理动因。

（二）恋爱的心理意识

意识是指人脑对客观事物的反应。恋爱的心理意识即指对恋爱心理的观察、体验和评价等。恋爱状态下的男女常表现出以下特征:

（1）恋人之间常有"眉目传情""心有灵犀一点通"。

（2）美化对方,从而"情人眼里出西施"。

（3）力图完善自己,自觉或不自觉地掩盖自己的缺点和弱点。

（4）渴望与对方在一起,形影不离。

（5）具有强烈的排他性,看见对方与别的异性在一起会有嫉妒心理,将自己与恋人连在一起而排斥别人和集体。

（6）期望在身心上与对方融为一体。

恋爱着的人常表现出兴奋性、冲动性、幻想性等心理特征,同时在行动上表现出焦灼不安、记日记、写情书以及与同性好友倾心交谈等行为。

实际的恋爱活动无不受制于社会生活条件的多方位、多渠道的影响。恋爱心理正是在社会中客观存在着的爱情活动和一定社会爱情品德观念的影响作用下形成的。例如,恋爱心理中最为重要的恋爱观就是一定社会观念的反映。恋爱观是人们的恋爱态度、动机和目的的总和,它表现为人们对恋爱的一般看法和具体打算。不同的国家、不同的地区在不同的社会观念影响下,有着各不相同的恋爱观,有的甚至有很大的差异。恋爱观是人生观的一部分,它反映着一个人的情趣、志向、品德和精神风貌。青年恋爱观的形成,是在一定教育条件下,受社会意识的多方面影响决定的。不同层次的恋爱观又制约影响着恋爱活动（心理和外在活动）。诸如人们的择偶动机、态度、择偶理想的确立,择偶的行为方式等。恋爱观内容的差异,导致了千差万别的恋爱活动。另外,社会生活条件中诸如个人的社会地位、家庭生活环境、所处的群体的人际关系等,都对恋爱心理产生举足轻重的影响,如我们时常看到家庭成员对个人今后的择偶期望变为他(她)的择偶标准,"近朱者赤、近墨者黑",朋友、同事对个人的恋爱心理活动也具有影响。

（三）异性素质

这是存在于异性身上各自独有的特征,是内在人格与外在仪表相结合的美的表现,这种美构成了异性男女在心理意识上的相互吸引,也就是平时人们常说的女人味和男子汉气质。异性素质既有内在心理,也有外在仪容、体姿上的不同表现。例如,女性在心理上多表现得感情细腻、温柔、羞涩、腼腆,而男性则粗犷、爽直、好冲动、喜欢表现自己等。总之,异性之间在性情上存在很大差异。在异性交往中,如能学会善解人意,就可以深入了解相互间的习性。值得一提的是,有的男同学为了博得异性的好感,曲意奉承,结果反遭鄙夷;而有的女同学故作娇蛮,令男同学退避三舍。事实上,大部分同学在交往中存在着性情上的互补或认同,只有真实、自然的表现,才能获得异性的好感。

（四）生活实践

人们是通过种种的社会生活实践活动而获得恋爱意识和能力的,同时,社会生活必然要求人们建立一定的交往关系,这也是人的一种社会性需要,青年男女正是在社会提供的交往实践中建立友谊,发展爱情,寻觅配偶。交往实践为青年男女的性爱与情爱的需要和动机提供了实践满足的途径,他们也通过自己的生活实践检验自己的恋爱理想,修正自己的择偶标准,充分地享受爱情的甜美。

总之,恋爱的心理活动形成这样的轨迹:恋爱的内在动因—恋爱的心理意愿—追求、验证理想—相恋、情感升华。恋爱的心理活动是非常复杂的,几乎所有的心理现象都参与恋爱活动,涉及的其他因素也很多,很难用一个固定的模式说清楚,但是爱情活动本身就是人类的情感活动,恋爱的发生成长体现了男女两性情感的变化发展。因此,可以这么说,两性情感是爱情的心理要素,两性情感活动是恋爱的特征。

三、健康爱情的特征

（一）平等互爱性

爱情要以当事人双方的互爱为前提，必须两厢情愿，男女双方必须处于平等的地位。一方强制另一方的结合不是爱情；任何单相思也不是爱情；双方不平等也不是真正的爱情。

（二）自主性

男女之间爱情关系的成立必须完全出于当事人的自愿，而不能是出自其他外来因素和势力的干预。

（三）亲密性

恋爱双方强烈的心理依恋必然导致亲密，希望两人心心相印，不分你我。这种心理上的亲密，也导致身体上的亲密，但它总是以具有浪漫色彩的深情的凝视、紧紧的拥抱、轻轻的亲吻、甜甜的牵手为表征的。

（四）无私奉献性

在爱情关系中，即使是最自私的人也会表现出奉献性，愿意为对方的快乐牺牲和奉献自己的一切。因此我们常常通过是否发自内心来为爱人做其期待的事情这个指标来衡量爱情的存在和强度。

（五）热烈持久性

爱情的热烈性一方面表现在爱的激情上，为一种强烈要求结合的冲动，全身心投入、互为融合；而且还表现在它的动力上，在爱情的推动下，人的潜能可发挥到极致，意志可达到巅峰。爱情的持久性主要表现在同生共死的强烈愿望之上，爱情所包含的感情因素和义务因素，不仅存在于婚前的整个恋爱过程，而且存在于婚后的夫妻生活和家庭责任之中。

第二节　大学生恋爱的心理特征

爱情对于年轻的大学生而言,有一个从朦胧走向真实的过程,这往往需要经过一个从"自我超越"到"本体回归"的心路历程。在对玫瑰色的爱情充满憧憬,对心中的瑰丽偶像充满向往的大学生群体中,有人称爱情是由鲜花和泪水组成的;有人悲悲戚戚地唱着"爱一个人好难",在爱情的漩涡里挣扎万分。君不见,有人为得佳人芳心,在簌簌寒风中手持玫瑰等待终不悔;君不见,校园内的舞会、party 等活动中,总有那么几位风姿绰越者只是在一旁安静守候,等待有慧眼的"白马王子";君不见,有许多人原本初进大学时信誓旦旦,严守"不近异性公约",然而不期被丘比特之箭射下了马。恋爱的滋味,或甜或苦,或乐或悲,都是由于他们不同恋爱类型的心理所致。

一、主动出击型心理

自古以来,恋爱的主动权似乎一直都掌握在男子的手中。古时候,即使身为翩翩君子,在日常生活中始终保持着"克己复礼""仁者爱人"的思想,保持着傲然不可一世的气质,保持着"不食嗟来之食"的骨气,在心仪的女子面前也不免要动心,不免为之倾倒,思念甚至辗转反侧,夜不成寐。《蒹葭》一诗中将这一感情描摹得更为贴切:"蒹葭苍苍,白露为霜,所谓伊人,在水一方。溯洄从之,道阻且跻,溯游从之,宛在水中央。"这里的追求者不顾一路上的艰辛和挫折,不顾深秋阴冷的天气,循着伊人的踪迹跋涉而去。为了寻求真爱的这种信念和毅力,着实令人感动。

而在当今的莘莘学子中,这已不在少数。如果你经常出入大学校园,就会发现女生宿舍楼下,常有手持鲜花痴痴等候的男生。据说,对于此类在恋爱中"主动出击"的男生来说,鲜花(尤其是红玫瑰)、心形巧克力和亲手折叠的千纸鹤乃是追求佳人的"三大法宝"。然而,就算是对此诀窍心领神会,了如指掌,也往往会有铩羽而归者。此时,"主动出击者"定会发扬屡战屡败、屡败屡战、百战不殆的精神,挖空心思甚至发动身边可以帮忙的兄弟一起加入行列中来出谋划策。这比起古代君子单枪匹马,只会吟诗赋辞来说,可谓更胜一筹。

与此同时,女大学生也在渐渐掌握起恋爱的主动权,这一点曾经令一些思想保守者叹为观止。毕竟,中国社会在接受了几千年的儒家文化传统教育之后,好的节操观念对于人们依然有着挥不去的影响。然而有很多女性认为,既然男女平等已经是社会所接受并公认的准则,为什么在爱情方面它就失效了呢? 于是,就在别人还只是将"爱情"这个字眼遮遮掩掩的时候,她们已经迈开了勇敢的第一步,向中意的男生大胆地发起进攻。依照钱锺书先生在其代表作《围城》中所言及的意思,借书是可以作为最好的恋爱开始方式,一借一还便是两次绝好的接触机会。而如今,这种方式依然经久不衰,甚至衍生出与其相类似的方式,诸如向"白马王子"借或者出借自己的课堂笔记、音乐唱片等,以此为载体接近他们,使自己被注意、被欣赏、被爱慕。她们不怕被拒绝,因为她们坚信自己是优秀的,就像一件精湛的工艺品,不甘于埋没在灰尘与土堆中,等待着别人来为其擦拭灰头土脸,发现其熠熠闪光之处,只有争取主动,把命运掌握在自己手里,才能遇到真正懂得欣赏自己的人。她们认为,爱情本来就没有什么对错,又何必在乎别人是如何想,如何看待自己,重要的是把握住眼前的机会,不要让它从你的掌心里滑过,成为多年之后的遗憾。虽然她们可能会失败,会因被拒绝而痛苦,但她们不会后悔,起码曾经为自己的爱情而争取过。

处于青春发育成熟期的现代大学生,往往会向往美好热烈的爱情,因为他们无论在生理上还是在心理上都已基本发育成熟,自然会产生对异性的欲望和渴求,向往与异性接触,并希望得到异性的好感和爱慕。同时相对于高中生活的紧张与繁忙,大学显得格外宽松自在,然而却也平添了许多寂寞与无助,为了排遣这样的寂寞,寻求心理的安慰,许多大学生选择恋爱这一行为方式。在此过程中,无论男生或女生哪一方为主动出击者,都必须在坠入爱河的同时,保持住十二分的理智与清醒,宽容与大度。如果本来是好友,因为对方的拒绝而视同陌路人,连朋友都不能做,岂不是非常可惜的事,更不能因此做出"宁为玉碎,不为瓦全"的冲动行为,对人对己都没有益处。

二、被动等待型心理

不少大学生认为,大学校园就是一个"爱情演兵场",如果只有言情书中的"理论指导",却没有现实生活中的"实践",走出大学自己依旧是"白纸"一张,依旧不能成熟起来。于是,进入大学后不久就纷纷"该出手时就出手",走上了恋爱之途。但并非所有的人都如此,"众人皆恋我独身",与主动出击的恋爱者恰恰相反,有一部分学生却在小心翼翼地固守自己的一方天地,等待着属于自己的爱情的降临。为什么同属于新生代的大学生,在处理个人恋爱的态度上迥然不同呢?其中原因基本分为以下几种。

（一）对待爱情的羞涩和矜持心理

这种情况多发生在大学校园里低年级的女生中,而通常情况下,她们的父母从小对其管教甚严,且家庭教育受到中国传统文化思想的影响颇深,对子女要求严格,在她们刚进入青春期时就灌输"尽量疏远异性","男生和女生间没有纯洁的友谊",甚至"不可以对同龄的异性产生好感"的思想,唯恐其在"危险年龄"陷入早恋的漩涡,耽误学业,影响前程。就父母本身来说,他们希望自己的孩子在今后的人生道路上,做到自尊、自爱、自强和自立,接受较高的教育,有一份不错的工作,有独立的人生和性格。而为了达到这样的目的,在求学过程中,孩子就不能够这么早便接触"感情"这个字眼,所以他们在孩子成长过程中对有关"爱情"的话题采用回避、丑化的方式。父母的用心确实良苦,但他们培养孩子自尊、自爱的手段过于极端,子女在"听话"的同时将与异性的正常接触划分到了"不正常"范围内。也正因她们过分的自尊和自爱,使其太在乎别人的想法。

然而在青春发育期中,因为处在对感情尚是懵懵懂懂的阶段,难免对异性会产生似有似无莫名其妙的倾慕与好感。父母在思想上对其的管束会令她们产生羞耻感,认为主动喜欢上一个异性是一种不道德的行为,不是一个好女孩应该做的,所以每当产生这样的想法时,便会从自己潜意识的道德标准出发,打消自己的念头,尽量克制自己,在众人面前不露马脚,生怕父母知道了会对自己失望,更怕被同学和老师了解后会用异样的眼光看自己,觉得自己不是正经的女孩子。

正因为如此,即使在跨入高等学府的门槛之后,即使父母已开始放手让孩子独自经历生活的一切,即使在大学中男女生交往已是十分平常的事情,她们依然放不下心灵的包袱,不敢正视自己心中的恋情。就算心中有了真爱,却因为要保持自己的矜持,也因为自己的羞涩,更在意一旦自己主动提出遭人拒绝,所以尽量克制自己的感情,不敢向对方表达,不敢追求爱情而选择等待,等待对方先开口,等待爱情之花在面前盛开。这就很有可能令她们错过一段本应属于自己的爱情。

（二）"此山还望那山高"心理

具有这种心理的学生在接触异性,选择恋爱对象时,就仿佛是在山坡上吃草的羊,发现另一个山坡上的草看上去似乎更肥沃,便丢下眼前的草,不顾一切去吃那边的草,久而久之,无论脚下的草如何好,都会凭空等待另一片更好的草地出现。这种心理的根源,在于追求爱情的大学生没有真正理解爱情的含义,这就导致他们对待恋爱的心理和行为的不成熟性。人在年轻的时候,不一定明白自己追求的、需要的到底是什么。就像大学阶段,往往认为爱情是可以比较的,比如在恋爱对象的选择上,如果乙男生比甲男生英俊潇洒,则肯定会选择乙男生;那么如果丙男生比乙男生更胜一筹,则幸运的自然是丙男生,依此类推,就会认为下一个肯定会比这一位更优秀,于是我们就会看见有许多人只是在等待,翘首等待着下一位"不是最好,而是更好"出现。大学生正处于多梦时节,谁都期盼能找到自己的"骑士"或"公主",找到符合自己理想的十全十美者,幻想着世界的某一处一定有一个能让自己倾慕的人,并且相信自己可以等待着与这个爱神的化身于茫茫人海中不期而遇,编制出一段非常罗曼蒂克的佳话。

可是,并不是所有的爱情都可能有玫瑰花和水晶鞋,那只是存在于童话故事中的美好愿望。现实生活中真正的爱情是以互爱为前提的平等的感情交流,是两情相悦,容不得一丝一毫的勉强与迁就。真正的爱情是以整个身心去集中爱其所爱,彼此深深相爱容不得他人介入;真正的爱情是贯穿人的一生的高尚精神活动,是包含着对对方强烈的责任心和义务感,能够为了对方奉献出自己的一切,在爱情中获得全新的自我与人格;真正的爱情是"既非环境所能改变,亦非时间所能磨灭",是"蒲草韧如丝,磐石无转移",又怎么可能是比较的结果或是童话故事那么简单呢?

三、身不由己型心理

部分大学生在恋爱中认为，自己是身不由己地陷入其中，并非出于本意。佛经中说："山不转水转，境不转心转。"境者，外界因素也；心者，主观思维也。很多时候往往表面看来，心如止水，风平浪静，其实窥其内心深处，微澜渐起，甚至会引起轩然大波，原因是万变的外界因素引起了主观的变化。

（一）同是天涯寂寞人

由于寂寞而谈恋爱，在大学生中是较为常见的现象。寂寞感是步入大学生活后首先尝到的"调味品"，然而却不可避免。有些大学生一旦考入大学后，失去了明确的学习目标，学习缺乏动力，感到大学生活枯燥乏味，精神空虚，大学生活远没有想象中的那般丰富多彩，令人向往。每天除了上课之外，同班同学在一起的机会很少，同学间的交流比起高中时更是少得可怜。特别是对远离家乡和父母的大学生来说，感情的交流更是生活的需要。背负着父母和亲人的希望，不远千里，远离家人来到举目无亲的异地求学，可自己的学习不尽如人意。生活过得无滋无味，学习没有目标，这两种矛盾心理交织在一起，寂寞和孤独感油然而生。在如此百无聊赖的心境中往往是满腹惆怅无人倾诉，满心失意唯我知晓。于是，一些学生忍受不了寂寞和无助的困扰，急于寻求异性知己，试图以爱情来抚慰自己的心灵，寻求寄托，丰富生活。

大学生在渴望友情、希望获得他人理解的同时，又常常害怕自尊心受到伤害，往往不肯轻易对他人敞开自己的内心世界，经常自我封闭。他们注重自我认识和自我评价，对精神生活提出了更多的要求，而这种要求一旦得不到满足，便会感到寂寞和烦恼。这种烦恼，只有恋人才可倾心吐露，不必担心对方会嘲笑自己，也不必害怕自己的私人烦恼会一不小心被公之于众，因为恋人首先就是自己最值得信赖的朋友。爱情，成了名副其实的避风港，成了严寒的冬日可以取暖的火堆，成了寂寞者的精神寄托，成了失败者可以像鸵鸟一样掩埋脑袋的沙堆。但是，当大风过后，船儿将再次起航，避风港成了它无法前进的阻挠和障碍；当冬去春来，春暮夏盛时，烈日炎炎又怎么能接受熊熊火堆；当失败者必须面对现实，重新振作起来时，覆盖在他们脑袋上的沙土无疑是最大的累赘；当寂寞者适应了生活不甘寂寞时，用来填补寂寞缺口的爱情又将怎么办？寂寞的爱情，最终只能是滴落在手上的胭脂红，无法成为心头的朱砂痣。

（二）寻找解脱痛苦的"良药"

每个大学生都有可能经历痛苦。家庭的不幸，学业的不顺利，人际关系的冷漠，自身受病魔缠绕，面对巨大压力不堪重负，因无法弥补的过失而产生的后悔，受到不平等待遇的气愤等，都会令人难过伤心、痛苦，甚至气馁，一蹶不振。这时人的感情是相当脆弱的，就像是受到重创的"惊弓之鸟"，每一丝拉弦上箭的声音都会令之魂飞魄散，无论在精神上还是肉体上都不能再经受打击。"恻隐之心，人皆有之"，又何况是朝夕相处的同学。试问，有谁愿意眼睁睁地看着自己的同窗深陷痛苦、不能自拔而袖手旁观？此时，不论是同性还是异性的同学朋友都会伸出援手，给予最大限度地安慰、温暖和帮助。而承受痛苦者仿佛正漂浮在汪洋大海中无所依托，时时刻刻都有沉没的危险，一旦有人，特别是异性能给予精神上的鼓励，必然如抓住了救命稻草，感情完全依赖于对方，拼命挣扎的同时却常常会把同情甚至怜悯误当作爱情，希望使心灵进入一个充满爱心的平静港湾，摆脱周遭的噩梦困扰，与爱自己的人快乐地生活。大学生作为一个心理尚不完全成熟的群体，其心理年龄甚至小于实际年龄，所以在发生意外，产生痛苦的时候特别容易失去理智，感情用事。也有人在看过较多的小说后被男女主人公的故事，特别是女主人公在痛苦时男主人公给予爱情的情节所影响，在自己经受打击后，自然而然地将小说的情节照样搬到自己身上，认为对方和自己彼此相爱了。其实，这只能算是一场误会。可以说，不清醒的理智，失去常态的心理，在人最痛苦的状态下而激起感情的冲动，其恋爱很难说是在追求真正的爱情，在很大程度上，只是祈求得到爱的抚慰，爱只是痛苦的缓解剂而已。这样的爱情，结果大多是带来更大的痛苦。

四、盲目从众型心理

正如莎士比亚笔下的丹麦王子哈姆雷特所说："To be or not to be，it is a question."（生存还是死亡，值得人去考虑。）爱情也同样需要人们用自己的头脑去思考判断，理智独立地解决，因为每个人对爱情的看法不同,对爱情的理解程度不同,对爱情的体验和经验也不同。然而,有一部分学生在需要爱的同时,并不明白应该怎么样去恋爱,也不明白爱的真正含义,非常盲目地建立了恋爱关系,最后留给自己的只是一段酸酸涩涩的成长历程。

大学因其宽松的校园环境,自由自在的学习氛围,因而成为结识更多异性朋友,获得异性正常友谊的安全地带,与此同时也成为爱情的培植园。在偌大的一个培植园中,在温暖潮湿的空气中,充满青春活力的少男少女不经意地就让爱情的种子自然而然地孕育萌芽,遍地开花。眼看着昔日的好友纷纷"重色轻友",弃自己而去,与恋人花前月下,卿卿我我,原本形单影只的学生不禁顾影自怜,好友的恋爱也促使久藏于内心地对爱的渴望的苏醒。于是顾盼流连,希望有个称心如意的才子或佳人来到自己身边,久而久之,便会产生"不管适合不适合,先像别人那样有个恋人再说"的念头。

也有人认为,如果不在大学四年里,趁着自己年轻有空、精力旺盛的时候谈一场(或者多于一场)轰轰烈烈的恋爱,那么大学毕业时只会怅然感叹"匆匆,太匆匆",带不走任何美好的记忆与往事,再如何惋惜也只能是"何必当初"了。也有人将爱情视作自己生命的一切,就如同潮汐,"爱来时带来我所有幸福的原因,爱走时卷走了我生活的一切理由",他们只是盯着眼前的细枝末节,爱情让他们沉迷不醒,遮住了他们的眼睛。请记住,如果感情是一叶扁舟,那么爱则如潮水,"可以载舟,亦可覆舟"。

爱情之舟是经不起波涛冲击的,或被波涛撞得粉碎,或被吞没。殊不知,以上这些大学生,他们手中握着的不是永恒的幸福,而是隐藏的祸根,此乃泡沫爱情。因为他们只是有了爱的需要,却不懂得什么是真正的爱情,不懂得如何去被爱,更不懂得如何去爱别人。爱情需要自己判断是不是真的爱对方,而不是"因为别人有了爱,我也应该拥有";爱情需要付出自己的真诚与关怀,就像用左手去呵护右手一样体贴,才会得来同样的回报,而不是只希望索取,不愿意奉献;爱情需要一个能够在大风大浪甚至迷雾漫天的天气中依然可以辨得清前进方向的好舵手,就算有再大的波浪冲击,都能向着目的地始终勇往直前。具备这些"条件",才会有一个成熟的好心态去面对爱自己和自己所爱的人。

另外,不成熟的、盲目的爱情心态还表现在贪图虚荣的恋爱类型中。有些同学在恋爱择偶中相互攀比,过分追求对方的容貌、身材、家庭背景和经济状况等,以满足自己的虚荣心理,而把爱情挤到了次要的位置。甚至明明知道自己不爱对方,但为了虚荣心或面子而去恋爱。在大学里还有这样的一种情况,一个较为出色的男生或女生被几个异性同时追求,这时个别同学不顾自己是否爱他(她),也加入追求者的行列,以击败对手获得对方的青睐为荣。恋爱的基础应该是真实的爱情,由于虚荣而进行的恋爱显然地基不稳。更有甚者,为博千金一笑,不惜花费大量的财力和精力,以致严重影响自己的生活和学业。对爱情的正确理解无疑是将爱化作行动的前提和基础。当你希望被爱并且去爱的时候,应该轻声问自己:"我,准备好了吗?"

第三节　大学生常见的恋爱心理问题

一、恋爱动机失真

恋爱动机源自恋爱的需要,直接指向了恋爱的目的。大学生恋爱动机失真主要体现在以下几个方面。

(一)从众效应

人们也称之为"羊群效应",一个人总容易受到周围人的影响,开始怀疑自己的判断是否正确,看到自己的同学时而秀恩爱,就会有想谈恋爱的冲动,特别是同寝室的室友,彼此间的影响更大。通过有关资料调查表明,大学生中四分之一的人谈恋爱是因为"看着同学们都成双入对,自己可不能孤家寡人"。

(二)贪慕虚荣

在很多大学生眼里,有对象是一件值得炫耀和骄傲的事,可以对外证明自己的本事和能力。反之,无恋爱可谈的学生则被认为缺少魅力。尤其是女大学生们更容易沉浸在被人追求和欣赏中不能自拔,甚至在这个过程中迷失了自己。

（三）功利心态

这些心理表现在选择对象的标准上，一些学生常以金钱多少、门路多少、权力大小为衡量恋人的标准，看对方人品道德少、责任意识少而物质条件多。

二、恋爱态度失衡

如果把恋爱看成是两个人相互理解、相互包容的一个过程，在这个过程中，任何两个人所持有的态度和表现的行为都是不一样的。恋爱态度是决定爱情质量的心理基础。恋爱是人生的一件大事，但并不是人生的全部。大学生之所以会在恋爱过程中出现各种各样的心理困惑，多是因为没有处理好恋爱与学业、集体、道德、博爱之间的关系。恋爱态度失衡主要表现在如下几点。

（一）恋爱与学业的关系

大学生活的全部意义就在于把自己培养成身心健康、全面发展的人。面对大学课程中繁重的学习任务，将有限的时间和精力置于学业之上，把宝贵的精力和青春过多地消耗在谈情说爱上，既耽误了学业，又难以获得真正的爱情。

（二）恋爱与集体的关系

即使被爱神之箭射中，也不应把自己禁锢在二人世界之中。若远离集体，就会影响自己的人际交往朋友圈，阻碍个人的成长和发展，不利于社会适应能力的提升。

（三）恋爱与道德的关系

恋爱的前提是双方平等、互相尊重。恋爱过程必须恪守道德要求，恋爱过程中应互教互助、真诚相待，选择恋爱对象时应注意对方的道德品质。恋爱行为要文明、自尊、自重、自爱。

（四）恋爱与博爱的关系

爱的情感不仅包括情侣之爱，当然还包括父母之爱、朋友之爱、社会之爱、祖国之爱等。一个大学生如果不爱父母、同学、朋友、学校和社会，也就不可能在恋爱过程中付出真的情感。

三、恋爱行为失当

当大学生恋爱动机失真和恋爱态度失衡时，必然引起恋爱行为的失当。主要表现在如下几点。

（一）透支式的恋爱投入

大量的精力、时间和金钱被大学生投入到谈情说爱中，而大学生还不能经济独立，多需要家庭给予经济支援，无形中给家庭带来了更大的压力和负担。因此，大学生的学业及日常的生活会因为透支式的恋爱投入而受到严重的影响。

（二）浮夸式的情感表示

大部分学生在展露自己感情的时候，过于随意、不拘小节，甚至在大庭广众之下，出现了一些不合时宜的动作和行为。更有部分学生甚至偷吃禁果，在高校长期同居的现象屡见不鲜。表达爱意的方式千千万万种，浮夸式的情感表示不合适。

四、恋爱道德失范

恋爱道德是调节恋爱关系的准则和规范。爱情不仅仅是两个人之间的事。它还包括社会责任，以及诸如爱情中的道德责任等问题。当前大学生的恋爱道德意识普遍较弱，主要表现在以下几个方面。

（一）恋爱道德的庸俗化

部分大学生在爱情、自我利益、家庭和社会责任意识等方面的淡化和自我责任感的缺失。如前所述，大学生恋爱或出于虚荣，或出于解闷，或出于欲望……凡所有这些都影响了他们自己和他们所爱的人的学业和未来，增加了父母的经济负担，助长了社会不良风气的滋生。

（二）恋爱目的功利化

它表现在建立一种爱的关系的过程中，把爱当作一种投资和交易，看对方是否有"利用价值"。这样功利化的爱情观玷污了爱情的高贵与纯洁。

第四节　大学生正确恋爱心理的形成

恋爱的过程时常会伴随各种偏差矛盾。这些偏差矛盾的解决有赖于人格的成熟、心理的健全，同样，偏差矛盾的解决又会促进或阻碍人格的发展和心理的健全。因此，大学生应努力培养健康的恋爱心理。概括来说，可以通过以下几种方式来培养大学生健康的恋爱心理。

一、树立健康的恋爱观

恋爱观是指人们对待恋爱问题所持的基本观点。健康的恋爱观对大学生来说是十分重要的，它是大学生品尝爱情甘露和事业硕果的关键，对大学生的成才也将起到巨大的推动作用。通常来说，健康的恋爱观主要包括以下几个方面的内容。

（一）正确的恋爱态度

通过人们对待爱情的态度，可以折射出一个人的精神境界和道德情操。因此，大学生要以正确的态度对待爱情。具体来说，大学生的正确恋爱态度是通过以下几个方面表现出来的。

1. 要尊重恋人

恋人之间的互相尊重、互相理解是恋爱成功的保障，是婚姻幸福的土壤。离开了尊重和理解，爱情之树就会枯萎。

大学生在恋爱过程中要学会尊重对方，尊重对方的工作、学习、家庭;尊重对方的兴趣、爱好、特长;尊重对方的行为方式、生活习惯;尊重对方的人格和尊严。要在互相尊重的基础上培养平等、纯真、高尚、美好的爱情。那种居高临下,夫唱妇随的思想意识和行为方式,直接违背互相尊重的原则,不利于真正爱情的培养、巩固和发展。

2. 对待恋人专一

当恋爱关系一旦确立,双方在享受恋爱的幸福的同时也要承担恋爱的义务,即自愿地、全心全意地、忠贞不渝地去爱对方。忠贞是爱情心理结构的一个基本的、重要的心理因素,也是爱情成功的基础。一个在爱情上不忠贞、不专一的人,不仅得不到纯洁的爱情,而且也很难成为一个品德高尚的人。因此,大学生要用高尚的思想情操,去追求至真、至善的爱情生活,培育纯洁、崇高、永恒的爱情。

3. 对待恋人真诚

大学生恋爱双方要真诚相待。在恋爱中彼此应该诚恳相待,把自己的优点、缺点、思想、性格、理想爱好和其他情况,如实地告诉对方,不加掩饰和隐瞒。这样既有助于增进对方对自己的了解,也可以获得对方的信任,奠定爱情的基础。如果用欺骗手段骗取爱情,终归要自食其果。彼此诚恳坦白,十分重要。男女双方在爱情上的忠诚和相互信任,是巩固和发展爱情,建立美满婚姻的必要条件。当爱情关系一经确立,它就给相爱的双方带来一种义务,即自觉自愿地、尽心竭力地、矢志不渝地去爱对方。这种爱不只是口头上的山盟海誓,也不是仅仅表现了强烈的感情流露,而是要尊重对方,帮助对方,关心和照顾对方。大学生特别要互相鼓励和帮助对方搞好学习和工作,要求对方上进,为了对方的进步和幸福,自己能做出自我牺牲。

4. 要理解和信任恋人

恋人之间要相互信任。没有理解和信任,互相猜疑、互相设防,美好的爱情就会失去光彩。因此,恋人之间要襟怀坦白、光明磊落,用理解和信任去浇灌、培育爱情,使爱情之树常绿。

(二)健康的恋爱心理

大学生健康的恋爱心理,具体来说包括以下几个方面。

1. 追求思想感情的一致

思想感情一致是真正爱情的思想基础。最近有人提出文化的"门当户对",其实就是指双方思想感情的相通相融。因为男女之爱包含着丰富的内容,其中既有本能的、不可能抗拒的性冲动,又有人类崇高的人性和理性;既有自发性,又有自觉性;既有欲望,又有克制。爱情是肉欲、激情及理智的结合,是生理、心理美感和道德的体验;思想感情的统一、理想信念的合拍,才能使恋爱双方水乳交融,甘苦与共,携手走过人生的风雨历程。

2. 恋爱动机要健康纯洁

恋爱的目的不是为了寻找生活刺激、慰藉空虚的心灵、满足性的欲望、追求物质利益等,而是为了寻求志同道合、白头偕老的终身伴侣。恋爱动机是否健康、纯洁,直接关系到恋爱是否能够成功,是否能够建立幸福美满的家庭。在现实生活中,那些因追求物质金钱、追求容貌外形、追求门当户对而导致遗憾终生的爱情悲剧并不少见。只有建立在高尚纯真的爱情基础之上的恋爱才能够在生活的征途中风雨同舟、患难与共。

3. 心理相容

心理相容有两层含义,其一是指恋爱双方品质、情操、价值取向的一致性;其二是指能宽容对方与自己的差异性。

恋人之间的心理相容是恋爱成功的重要因素。心理相容可以巩固和发展爱情。一对恋人如果彼此心理相容,就能体验到欢乐、幸福与美好。否则,就会感到痛苦、惆怅与失望。双方心理相容的程度越高,爱情就越和谐,婚姻就越美满,其中恋爱双方的观点、信念、情操与感情是否一致是决定心理相容的最重要的因素。

这里所说的心理相容,并不是要求两个人的兴趣、爱好、性格、气质等的个性心理特征绝对一致,而是指双方是否有共同的理想和志向,是否具有高尚的品德和情操,是否能够相互理解、相互承认、相互弥补、相互影响来取人之长、补己之短等。

(三)恰当的恋爱方式

在恋爱过程中,选择什么方式表达爱情,不仅反映了一个人的道德情操、思想修养,而且对恋爱的成败也起着至关重要的作用。因此,大学生在恋爱过程中,必须形成恰当的恋爱方式。

1. 准确把握住感情的分寸

在恋爱过程中,由初恋到产生真正的爱情,要有一个培养和发展感情的过程。一般来说,成功的爱情的形成要经过一个由低到高的发展,即由同学感情到友谊,最后再发展到爱情。任何超越恋爱的感情发展阶段"飞跃"而成的爱情,都会缺乏真正的了解和认识,缺乏必要的感情基础。因此,在恋爱过程中,恋爱双方要准确把握住恋爱中感情的分寸,既不要在"不到火候"的情况下做出过分亲昵的举动,吓跑对方,也不要时机成熟时关起感情的闸门,使对方产生误解,以致错失良机,影响爱情的进一步发展。

2. 要文明地表达爱情

高尚纯真的爱情需要在表达爱情的方式上讲究文明。人是社会的人,人的一切言行必须符合正确的社会规范和社会环境,为社会所认同和接纳。青年大学生在与对方表达爱意时也应如此。男女间表达感情的方式有高雅与粗鄙、健康与庸俗、含蓄与放荡之分。高雅、健康、含蓄的感情表达方式给人以美的感受,使双方的人格更加崇高,灵魂得到净化,从而使人成为真正意义上的人。而那种不分时间、地点、场合,任意放纵自己的感情,过分亲昵,举止轻浮,就可能带来不良影响,甚至毒化社会风气。这种粗鄙、庸俗、野蛮放荡的感情表达方式,不仅是不尊重对方的人格,而且也是不尊重自己的人格,是把人降低到动物的水平上,把人类的爱情降低到动物本能的水平上。

二、正确对待爱情在生活中的位置

正确对待爱情在生活中的位置,首先要摆正爱情在人生中的位置。没有爱情的人生是不完美的,但拥有爱情不是人生的根本追求,只为爱情而活着是苍白的。人生的主宰应当是事业。在择偶方面,大学生也应把对方有无事业心和拼搏精神作为择偶天平上一个重要砝码,把爱情的幸福寄托于事业的奋斗之中。其次,要摆正爱情在大学生活中的位置。大学生应该认识到,在短暂的大学学习阶段,坚持学业才是第一位的,要树立崇高的理想和远大的目标,避免和克服爱情至上;要明确在终身学习的当今时代,大学的学习与未来的事业息息相关,也是爱情和未来婚姻美满的基础。此外,大学生也应学会正确处理恋爱与集体活动、社会工作的关系,学会正确处理恋爱与团结其他同学的关系。

三、培养爱的能力

爱是一种能力,也是一种艺术,因此,只有掌握了爱的艺术,具备了爱的能力,才会正确地面对和处理爱情。培养爱的能力,大学生可以从以下几点入手。

(一)识别爱的能力

对于渴望爱情的大学生来说,学会识别爱的真伪,是迎接爱情的必要准备。为此,大学生必须要明确,好感是一种知觉性的,因而比较浅表的感情,与爱情并不等同,且好感有可能会发展为爱情,但也可能不会发展成爱情;感情冲动并不是爱情,往往只会导致让自己后悔的愚蠢举动。

(二)表达爱的能力

一个人在对某一异性产生了爱并进行了理智分析后,就应该勇敢地、用正确的方式对其进行表达,以免错过爱情,这就是表达爱的能力。而在表达爱时,需要具有信心和勇气,也需要选用恰当的语言与方式,还要做好被拒绝的心理准备。

(三)接受爱的能力

这里所说的接受爱的能力,指的是一个人在面对他人爱的表白时,能够及时进行准确的分析与判断,继而明确表明自己的态度,或接受或拒绝或再观察。

一个人若是缺乏这种能力,要么难以把握住真爱,要么匆忙地接受不适合自己的爱,继而使自己和他人都受伤。因此,大学生必须要注意培养自己接受爱的能力。

（四）拒绝爱的能力

一个人在面对自己并不希望得到的爱情时，能够理智地进行拒绝，这便是拒绝爱的能力。

爱情是不能够有勉强和接受的，因而一个人在面对爱情时必须要具有拒绝爱的能力。一个人若是缺乏这种能力，在面对一份自己并不希望得到或是不适合自己的爱情时，便无法做出正确的决策，继而对两个人都造成严重的伤害。

虽然每一个人都有权利拒绝自己不想接受的爱情，但是对每一种真挚的感情都予以珍重是对他们起码的尊重，也是个人自重的行为。因此，在拒绝他人的爱时，要注意采用恰当的拒绝方式，切不可对他们的心理造成危害。

（五）发展爱的能力

发展爱的能力，并不是非要具体到对某一异性的爱，可以是更广意义上的爱。我们的亲人，我们的同学朋友，我们的祖国和人民，都值得我们去热爱。具体来说，发展爱的能力就是培养我们无私的品格和奉献精神，或者说是一种牺牲精神。发展爱的能力，还要培养善于处理矛盾的能力，有效地化解消除恋爱和家庭生活中的矛盾、纠纷。从恋爱到结婚，是爱情生活的转折，爱情从浪漫变得实际，从炽热变得冷静。如何使家庭不成为爱情的坟墓，如何使爱情不断更新、不断发展，这都需要有发展爱的能力。大学生在培养自己发展爱的能力时，可具体从以下几个方面着手：

第一，在爱情的发展过程中，双方要有意识地培养自己的人格魅力，要不断地丰富自己，增强相互的吸引力。

第二，在爱情的发展过程中，双方要保持自己独特的个性，不能让自己消融在对方的影子里，但同时又要保持与对方和谐，两心相悦，互补为美。

第三，在爱情的发展过程中，要不断提高处理各种问题（与异性朋友的关系问题、与对方家人的关系问题、家庭与事业的关系问题、原则问题与非原则问题的处理方式等）的能力，要能长袖善舞，使爱情健康稳定发展，充满浪漫、温馨和幸福。

（六）承受恋爱挫折的能力

大学生在恋爱中，不可避免地会遇到一些挫折，如单恋、失恋等。这些挫折是对大学生心理承受能力的一种考验，大学生只有能切实承受这些挫折，才能不断增强自己爱的能力，继而迎来美好的爱情。

四、培养文明的恋爱行为

大学生在恋爱过程中，只有具有高雅文明的恋爱行为，才能使爱情的愉悦心理效应得到充分发挥，并促进爱情顺利进行。因此，培养文明的恋爱行为对于大学生积极恋爱心理的形成也具有重要的作用。

（一）恋爱中要平等相待

恋爱中的男女，必须要平等地对待对方，不能总是抬高自己、贬低对方，也不可总是拿自身的优点去比较对方的不足，更不可总是对对方进行考验或是摆架子。否则，恋爱对象的自尊心会受到伤害，双方的感情也难以深入发展。

（二）恋爱言谈要文雅

恋爱双方在交谈时，应自然、诚恳、坦率，不要为了显示自己而装腔作势，矫揉造作，更不能态度高傲、出言不逊，使对方自尊心受损。否则，恋爱行为将难以维系。

（三）恋爱行事要理智

大学生在恋爱过程中，不可避免地会出现性冲动。而在遇到这一状况时，大学生一定要注意克制和调节，并通过参加文娱活动等方式对其进行转移和升华，以便将恋爱行为限制在社会规范内，不致越轨。这样，双方的恋爱也能继续健康发展。

（四）恋爱行为要大方

男女双方初次恋爱，通常会感到紧张和羞涩。而随着交往的加深，双方的交往会逐渐变得自然大方。在这一时期，一定要十分注意自己的行为举止。有些青少年在恋爱时,很容易因情感冲动而较早地出现不合时宜的亲昵动作,从而引起对方的反感,导致感情无法正常发展。

五、培养承受失恋痛苦的能力

（一）学会自我疏导

失恋虽为人之常事,却是一生中最痛苦的心理挫折之一。不管是主动抛弃还是被抛弃,失恋会给双方的情感带来悲伤和心灵刺痛。因此,面对失恋,一定要学会进行自我疏导。

第一,了解分手共同性。一般来说,分手台词都有一定的共同性,如"我们性格不合"等。因此,当面对分手时,没有必要对分手原因追根究底,对有些男性在分手后的藕断丝连、犹豫不决要有一定的心理准备。

第二,失恋者应认识到你喜欢的异性是一类人,因此没有必要纠缠在一个人身上不放,要拿得起放得下,要明白,恋爱只是人生中的一小部分,而不是全部。

第三,人生是一个过程,可惜的是不能重来,可喜的是不需要重来。失恋究竟是绊脚石还是垫脚石,都在你的一念之间。因此,分手了就做回美好的自己。

第四,分手后,不要想立马通过爱情转移的方式找到情感替代,而是要花时间好好反思自己的这段感情,争取让自己从中吸取经验和教训,在失恋中得到成长。

（二）稳定情绪

失恋中体验到的痛苦情绪会使得内心积累很多负性能量,因此需要采用向亲人、好友或心理咨询师倾诉的方式或者写日记、书信等方式宣泄情绪,从而缓解积蓄的心理紧张和心理冲突,以便让自己尽快回归到正常生活轨道上来,将恋爱的挫折化为一种动力。失恋是人生中一个很大的挫折,考验的是人的耐受挫折的能力。失恋使人产生痛苦的感觉是很自然的事,每个人都会有,只是痛苦的程度有差别。大学生应该正确认识失恋:失恋只是一种选择的结果;在失恋中学习,把失恋作为一种人生的财富;失恋给人再恋爱的机会。

（三）掌握合理的调适方法

面对失恋所导致的这些心理特征,承受着失恋打击的人,应采用合理的方法调适自我,从而走出失恋的泥潭。

1. 合理宣泄法

很多大学生在失恋以后情绪沮丧、悔恨不已、烦恼不安,如此长期沉积,必然会导致精神疾病。因此,应采取合理宣泄法,即通过正常的发泄方式,以不侵害他人为原则,运用发泄、疏导的方法,减轻心头压力。但是,失恋者切不可采取不当的发泄方式,如酗酒、赌博、吸毒、打人、杀人等,也不能出于卑鄙的报复心理肆意造谣中伤、诬陷诽谤对方。这样,不但无法帮助自己解除失恋痛苦,只能使自己更加萎靡颓废,甚至走上犯罪的道路。

2. 积极遗忘法

有的失恋者心中明知对方已经不爱自己了,却仍然禁不住怀念对方、眷恋对方,以致苦闷和烦恼。对于这类失恋者来说,应该采取积极遗忘法,即尽快遗忘过去,抹掉对方在自己心中的形象。

3. 忙碌忘忧法

失恋,对于任何男女来说都会在他们的灵魂深处烙上深深的痕迹。有人失恋后就心灰意冷、自暴自弃。有的人甚至产生轻生绝望的念头,对恋爱失去希望,对自己失去信心。若处于这种状态,不妨让自己忙碌起来。要知道,人生的主要内容并不只有爱情,还有比爱情更重要的追求,那就是学习、工作和事业。因此,失恋以后失恋者不可消沉下去,应该忙碌起来,把心中的忧愁驱赶出去,让积极忙碌的工作,冲淡心中的烦恼。

4. 坦然相对法

失恋常常引起深刻的情绪障碍,主要表现为以下几个方面。

（1）羞耻感

一旦失恋,便以为不光彩、丢人现眼、低人一等、没脸见人,把失恋当成自己沉重的负担,牢牢地拴在自己的脖子上,压得自己直不起腰。

（2）自卑感

这类失恋者往往自己瞧不起自己，认为被别人抛弃了，把精神集中于自己的不足之处，根本不去考虑自己的优势和特长。

（3）依附感

这种人往往缺乏独立自主的性格，失恋时不惜下跪乞求，用痛苦和眼泪、花言巧语去感动对方，唤起对方的同情心，以挽救恋爱的失败。

针对以上三种不良心态，失恋者应该采取的正确态度是顺其自然、全盘接受、任凭出现、允许存在，即坦然相对法。而且，失恋者要重新认识恋爱，恋爱不可能百分之百地成功，失恋并非什么羞耻的事情，既然对方绝情而去，失恋者就不要再用廉价的泪水去换取对方的同情。要知道，同情不是爱情。

第八章

大学生网络心理

当代大学生以全新的文化行为、文化理念对社会进行解读,对自己进行规范与塑造。随着网络的不断进步和发展,一个新的文明不断兴起。互联网以网络化、数字化作为标志的生存状态,以虚拟性、交互性作为标志的运作模式,以共享性、多边性为标志的机制特质,使得网络交往迅猛发展,甚至对当代大学生的学习和生活产生了直接的影响。网络不仅造成了交往方式、信息传播方式、消费方式等的变革,也造成了伦理道德领域的变革。然而网络在促进大学生形成全球意识、效率观念的同时,也会产生一些网络心理障碍,这就要求应不断提升大学生的网络心理素质。本章就对大学生网络心理展开研究。

第一节　网络概述

一、互联网的特征

互联网集报纸、广播、电视三家之长,实现文本、图片、音频、视频等素材的有机结合,并使受众全球化,是传播领域一次革命性的飞跃。相对于报纸、广播和电视等传统媒体而言,网络媒体具有以下鲜明的特征。

（一）信息量大，覆盖范围广，资源可共享

信息经过了数字化的处理，高密度存储在客户服务器上，互联网连接了覆盖全球的数以亿计的电脑终端，凡是与网络相连的用户计算机均可以分享网络上的信息资源。因此，互联网是迄今为止容量最大的传播介质，网络系统的开放性和共享性使其信息容量几近于无限。这就使得世界变成了一个信息交流系统的整体，全球变成了真正意义上的"地球村"。

（二）传播与更新速度快

报纸需要打字、排版、制作胶片、印刷，广播、电视需要录制、剪辑、配音等程序，与之相比，网络新闻制作和传播则可以直接在电脑上一次性完成。网络媒体可以用光的速度交换信息，瞬间便可把信息发送到所有用户手中，不受印刷、运输、发行等因素的限制，可以随事件的发生、发展随时发布最新的消息。另外，网络的拷贝功能使得信息的复制变得准确而又完整。

（三）具有信息检索功能

网络的信息搜索功能极大地提高了人们使用信息的效率。信息搜索常用搜索引擎和搜索软件。搜索引擎是指互联网上专门提供查询服务的网站。这些网站通过复杂的网络搜索系统，将互联网上大量网站的页面收集到一起，经过分类处理并保存起来，从而能够对用户提出的各种查询做出响应，提供用户所需的信息。搜索软件的最大特点就是可以同时启动互联网上的多个搜索引擎进行搜索，能得到更多、更详细的信息。

（四）具有多媒体功能

网络媒体打破了传统媒体的界限，网络上的信息可以以文字、声音、图像和视频等多种形式呈现。在网络上，人们可以获得报纸上新闻的完整报道、电视上新闻事件的活动图像和杂志上关于重大事件的深度分析。多媒体技术的应用，使通过网络传达的信息刺激了人们的视觉、听觉、触觉等，增强了传播效果。

（五）虚拟性

网络世界是人类通过数字化方式,链接各计算机节点,综合计算机三维技术、模拟技术、传感技术、人机界面技术等一系列技术生成的一个逼真的三维感官世界。它以知识、信息、消息、声音、图像和文字等作为自己的形式。在这个世界里,一切都是虚拟的,虚拟的邮局、虚拟的图书馆、虚拟的医院、虚拟的社区、虚拟的爱情和家庭,甚至连身份都可能是虚拟的。在虚拟的互联网中,人们可以根据自己的需要,任意创造自己喜欢的角色,做出在现实社会中难以做出的事情,人们的行为也因此具有了虚拟化和非实体化的特征。在互联网世界里,任何人都可以根据自己的喜好和需要扮演适当的角色。

（六）交互性

网络不同于电视、广播的信息单向传播,而是一种双向的信息交流活动,受者不仅是信息资源的消费者,同时也是信息资源的生产者和提供者。网络的互动表现在两个方面:首先,受众可以自由选择信息,较少受时间和空间的限制;其次,借助于网络,传者也可以快速、低成本地收集受众的反馈信息,从而提高传播效果。

二、网络对人的影响

随着计算机技术的迅速发展,互联网为网民提供了海量的信息和全新的通信方式,可以说,互联网的迅速发展,正逐渐改变着网民的社会生活,对人们造成了很大的影响。

（一）互联网对人的积极影响

互联网对人的积极影响主要包括以下几个方面。

1. 互联网为人们带来了方便与快乐

互联网中拥有丰富的图文、声音、动画、软件等形式多样取之不尽的海量信息,不仅可以帮助网民完成手头的工作、案头的文章,也成为网民闲暇之余的娱乐圣地。在互联网上,不同性别、年龄,不同兴趣的爱好者都能够找到自己喜欢的内容,他们能从中得到在现实生活中无法获得的快乐。

2. 互联网扩大了人际交往的范围

在网络世界中,人们的人际交往完全不受地域的影响,不同地区的人可以通过网络互相了解,网络成为他们建立友谊的重要基础。另外,通过网络,很多网民也可以在家办公,在家开会,这在一定程度上增加了与他们沟通的机会。通过互联网,网民的交往范围显著扩大,选择性明显增强,生活习惯相互渗透、相互影响,世界各地区、各民族之间的生活习惯逐步趋于一致。

3. 互联网增强了个体的归属感与自我接纳

由于网络虚拟性的特点,网民们可以通过匿名的方式在网上与其他个体进行交流,这样他们就可以将自己在现实生活中无法说出的话或者无法表达的情感清晰地表达出来,而且可能还会遇到与自己想法相同的其他个体,于是,个体在互联网中就找到了归属感,同时也加强了自我接纳。

(二)互联网对人的消极影响

互联网在给人们带来积极影响的同时,也给人们带来了许多消极的影响,这些影响正在严重影响着人们的生活。概括来说,这些消极影响主要包括以下几个方面。

1. 网络犯罪

互联网上经常因为一些非法的潜入而出现一些黑客,这些黑客经常通过网络进行违法犯罪活动,逐渐成为网络社会的公害。

2. 传播色情信息

互联网的信息传播是全球性的,这使得传播色情信息的问题变得日益严重。因为色情信息和色情服务在某些国家的道德上是允许的,某些国家道德上允许存在的色情信息能够通过互联网无障碍地在世界范围内传播,从而导致文化道德的冲突。据统计,目前世界上的色情电子信息服务有相当高的访问度。我国也发现许多通过互联网传来的色情信息。由于文化传统、社会价值观和社会制度不同,它对我国的危害更加严重。

3. 网络文化侵略

由于互联网具有开放性的特点,这就使得一些国家,特别是某些计算机网络应用发展得相当普及的西方国家通过开放的互联网倾销自己的文化,宣扬西方的民主、自由和人权观念。这种网络文化的侵略导致不同国家和地区之间的冲突不断,对人们造成非常严重的影响。

4. 破坏国家安全

世界上存在着对立的政治制度和意识形态,一些国家通过互联网发布恶意的反动政治信息,利用这些信息对他国进行攻击,破坏其他国家的安全。有些还出于一定的政治目的而想方设法进入其他国家的核心计算机系统,企图悄无声息地进行破坏。

三、网络对大学生心理的影响

研究表明,互联网已经成为许多大学生学习和生活的重要组成部分,对其身心发展产生了重大影响。

(一)网络信息的丰富性和开放性符合大学生对知识、信息的追求

互联网带给人们的知识、信息容量是任何一个传统工具都无法比拟的,凡是人类活动所涉及的方面,从互联网中都可以得到相关信息,而且是集文字、图片、视频等为一体。大学生们渴望获得更多的信息,而网络世界的开放性和巨大的信息量深深地吸引了大学生,极大地满足了大学生对知识和信息的追求。

(二)网络交往的隐蔽性符合大学生渴望真情又怀疑真情的心理特点

网络的一个突出特点就是具有隐蔽性,即在互联网中交流的群体对

他人的年龄、长相、身材、表情、身份等都一无所知,在这样的前提下,大学生的隐私被保护起来,他们可以无所顾忌地畅所欲言,表达自己内心的想法和感受。网络既实现了大学生渴望交流的需要,同时也使交流双方保持了黄金距离,克服了现实中交流的种种障碍。所以说,网络交往的隐蔽性符合大学生渴望真情又怀疑真情的心理特点。

（三）网络的自由性符合大学生强烈追求个性的心理

互联网具有开放性的特点,在互联网世界中,人们活动的社区不是以地域来划分的,而是根据兴趣来划分的。在这里,不分男女老少,不分美丑贵贱,人们因为共同的兴趣走到了一起。在这样的一个大平台中,大学生可以充分展示自己的个性和才华,为大学生提供了一个成就自我的舞台。大学生就怕和别人不一样,但同时也害怕和别人一样,网络的自由性符合大学生强烈追求个性的心理。

（四）上网的时尚性符合大学生追求时尚的心理

大学生们都受过良好的教育,都有自己独特的眼光和品位。对于大学生来说,互联网是一种既具有丰富知识又非常符合潮流的事物,上网自然就成为一种时尚。很多大学生都认识到,在现代社会,即使你有硕士文凭或博士文凭,但如果你不会上网,那么势必会被社会所淘汰,成为现代文盲。

（五）网络传播信息的高速性、即时性符合大学生追求时效的个性

与其他传统媒体相比,互联网能够在第一时间将最有用的信息发给用户,而且这些信息可以是视频,可以是文字等,内容非常丰富和快捷,这样,无论需要的人生活在哪个城市,都可以快速获得信息。互联网传播媒介这一特征正好符合大学生作为年轻人对信息的敏感以及追求时效的个性特征,满足了他们即时了解世界的需求。

第二节 大学生的网络心理

一、大学生网络心理的概念

作为大学生读者,对网络心理这一问题可能会十分关心,迫切渴求了解同龄人在网上冲浪时所表现和持有的心态;想搞清楚自己在网络中极有可能表现出的心态特点;弄明白这个虚拟世界存在或潜伏的种种误区。网络时代,只要有一定的知识水平和消费能力的年轻人,都有上网的经历,当代大学生构成了网民的主力军。

关于网络心理的具体含义,有学者认为,网络心理就是指网络心理问题。网络心理问题,主要是指网络心理障碍。它是由于上网者长期沉溺于网络游戏、聊天或浏览而出现的心理异常症状,严重的甚至有自杀意念和行为。应该说,这种对网络心理的理解是片面的,网络心理应该有各种不同的表现形式。网络心理是伴随着网络的产生和发展而产生和发展的。人的心理现象是客观现实的主观印象。网络既是一种客观的物质现实,又是人的思想信息载体。人的心理活动必然要与网络这一客观现实发生密切的联系。当人类进入信息时代时,许多人就习惯于把自己大脑的思想信息通过网络进行储存和传输,并与他人发生思想交流,网络由此开始进入人的精神世界,成为人的大脑的延伸。人们对客观世界的认识会随着网络对人类生活、学习、工作领域的渗透程度而发生变化,从而使人的感知、记忆、思维、情感、兴趣、信念以及个性悄然改变,进而产生新的思维方式、行为模式和生活习惯。网络社会与人的心理的这种互动将日趋频繁,网络心理也在这种互动中不断繁衍、发展。网络心理现象就是在网络这一特定环境作用下产生的。网络心理就是在虚拟的计算机网络时空(网络环境)里人的心理过程及其由此而形成的人的个性特征。

二、大学生网络心理的特点

（一）好奇心理

互联网最重要特点就在于实时性，很多新闻大事都能够通过互联网得到快速传播。互联网的出现极大地打破了信息流通的空间和时间限制，很好地满足了当代大学生们的心理诉求。所以，无论是从生活还是学习的角度分析，互联网都成了学生们所必需的工具，而这种工具也能够很好地满足大学生的好奇心理。

正是受到互联网自身特点的影响，使得学生们在互联网上投入了巨大的精力，希望通过互联网来寻找刺激，满足自身的需求。

（二）需求心理

由于在学习和生活上具有较大的压力，为了能够缓解压力，使自身能够得到放松，很多大学生都会采用互联网作为自己放松心情的主要手段。在互联网的世界中，大学生们能够找寻到了解自己的人，将自身想法与其他人进行交流和沟通，并且这种虚拟的环境极大地保护了学生们的隐私，对于学生们来说是一种相对适宜的方法。并且在互联网中大学生们还会对社会的发展获得一个清晰的认识，以便对自身进行相应的强化和提升，不断满足社会的需要，提升自身的竞争力和实力，并在互联网的世界中找到自信。

（三）逃避心理

由于社会的不协调发展造成了社会中存在各种各样的压力，很多学生为了躲避现实生活的压力都会在互联网中寻求精神寄托。也有很多学生是在现实生活中受到了挫折，因此转向互联网世界的怀抱。但是这种躲避心理并不利于学生们的成长和发展，极易形成一种恶性循环，影响学生们的长远发展。

第三节　大学生常见的网络心理问题

网络心理问题是指由于对互联网的认识和使用不当而引发的不良心理反应。当代大学生作为最大的一个网络群体,因为其特殊的心理特征而受着互联网这把双刃剑的巨大影响。他们从网络那里获得了大量的信息,拓宽了知识面,这有利于大学生的全面发展。但网络空间无奇不有,这对还没有较强辨别力和自控力的大学生来说,很容易产生不良诱惑。当代大学生正面临着前所未有的网络危机。大学生作为最大的网络群体,因其特殊的心理特征,受到了网络环境最深刻的影响,也催生了许多心理问题,如自我封闭、网络孤独、网络迷失、网络焦虑、网络依恋、网络强迫、网络抑郁等。

一、自我封闭

现代网络和通信技术是以人机对话的形式进行的,直接颠覆了传统的人与人之间面对面的交往方式。网络可以忽略我们所处的现实环境而与另一个不知身份、年龄、性别的人进行思想上的交流,割断了真正意义上的人际交往,容易使大学生产生与现实生活的距离感,产生交际情感障碍。同时,网络世界的相对独立性、隐蔽性、诱惑性容易使一些在现实世界人际交往受阻的大学生转向虚拟世界寻求安慰和满足,必然导致其在现实生活中人际交往能力的弱化。从这种意义上说,网络剥夺了大学生日常的交往权利,使他们成了"孤独的电脑人和上网人",从而阻碍了大学生心理健康的良性发展。

二、网络孤独

网络孤独就是过分地依赖网络,淡化了个人与社会及他人的交往,远离周围伙伴,慢慢地对丰富多彩的现实生活失去了感受力和参与感,变得越来越孤僻。网络所能给的只能是键盘、鼠标和显示器所造就的书面语言甚至是直接复制的网络语言。这对于那些善于通过身体语言来解读对方心理的大学生来说无疑形成了沟通障碍，"无所不能"的网络反而增加了他们的孤独感和压抑感。网络孤独多发生在性格内向者身上，其典型症状是：沉溺于网络，脱离现实，寡言少语，情绪抑郁，社交面狭窄，人际关系冷漠。他们一天中大部分时间都在网上度过，对自己不再有任何控制，表现出逃避现实的心理现象。

三、网络迷失

情感是指人们对外界事物采取的某种态度，并由此产生的诸如喜、怒、哀、乐、惧、愁等各种不同的内心体验。大学阶段是自我意识发展的重要时期，外界环境和社会条件的急剧变化可能导致一些人的情感活动异常。一些在现实生活中"不得志者"在网络世界的过分张扬、攻击等表现，就属于情感活动异常。人们无法通过信息传递和双方的互动这些现实中人际交流的过程来修饰和填充信息的感情色彩。科学研究表明，大学生正处于情感体验的高峰期，情绪起伏大，情感体验强烈，一些大学生沉迷于网络之中不能自拔，阻断了社会情绪体验的渠道，使自己在人—机交往中逐渐变成了情感冷漠的机器，造成了情感的迷失。

四、网络焦虑

网络焦虑又有网络适应焦虑、网络信息焦虑、网络安全焦虑之分。

（一）网络适应焦虑

大学新生，特别是来自经济落后地区的农村学生，接触互联网比较少。当他们进入大学面对色彩斑斓的网络界面，看到层出不穷的各种电子书籍、电脑软件，看着周围同学熟练地使用网络自由地浏览、聊天，自己却有很多不懂时，倍感恐惧和迷茫。他们害怕别人嘲笑自己是"网盲"，害怕自己被五花八门的网页和软件弄得眼花缭乱而使学习成绩远远落后于同学，迷茫感和无所适从的焦虑心理很普遍。还有的大学生虽然比较熟悉计算机操作和网络使用，但还是担心自己会跟不上网络的快速发展,怕掌握不了新的网络技术而被无情地淘汰。

（二）网络信息焦虑

互联网是信息传播的载体,网民通过网络输入信息、传播信息也共享着信息,信息在网络上与日激增,其直接结果就是造成信息数量的无限性,我们在用输入和传播的信息实施"轰炸"时,也被海量信息"轰炸"着。当我们面对一个过度的信息刺激情境,尤其大量的信息是无意义的信息时,我们往往会因无所适从而焦虑;当我们吸收的阅读量超过消化所需要的能量时,日积月累,最后会因为压力与过度刺激转化为信息焦虑症。

（三）网络安全焦虑

安全性表现在人际安全和技术安全两个方面。网络人际交往中,人们不仅很容易隐藏自己的真实身份,还很容易把自己装扮成所希望的人,因此,很难区分网络里谁是善良的人、谁是伪善的人。大学生的交往需求高,欲望强,在网络上很容易建立交往关系,但缺乏辨别力的学生容易误入居心不良的人的圈套,导致上当受骗。这种不安全的隐患给大学生的网上交往带来担心和忧虑。网络技术发展日新月异,但也存在技术上的漏洞,一些人利用这些漏洞进行黑客活动,侵犯网络用户隐私或经济、名誉的损失,没有安全感可言。

五、网络依恋

网络依恋是指个体由于长时间沉溺于网络而与网络之间结成的特殊情感关系。应该说,现代人无论是学习工作、日常生活还是娱乐,在很大程度上都离不开网络,上网的时间呈现逐渐延长的趋势。因此,这里提到的网络依恋并不是仅仅指每周上网的时间长,更主要的是指在网上利用时间的方式。有资料显示:在网络依恋者中,35%的时间用于聊天,28%的时间用于多用户互动游戏;而在非网络依恋者中,55%的时间用于网上办公、接发电子邮件、联系业务,24%的时间用于查阅网上图书馆、下载软件等信息收集上。大学生的网络依恋包括多种类型,按照所占比例的多少排列为:一是网络信息依恋——完成作业或其他工作任务时,很少自己思考,总是习惯于在网上寻找现成的答案;二是网络交际依恋——利用各种聊天软件以及网站开设的聊天室长时间聊天；三是网络游戏依恋——沉迷于网络设计的各种单机或联机游戏中；四是网络恋情依恋——沉醉在网络所创造的虚幻的罗曼蒂克的网恋中；五是网络色情依恋——在网上所有的色情音乐、图片以及影像中流连忘返。

六、网络强迫

现在很多大学生情不自禁地成了"微博控"，有些大学生每天要发十条以上的微博才感觉舒服，经常毫无原因地打开微博，欲罢不能地反复刷新微博，哪怕每次刷新看到的都是一些无聊的回复；有些大学生强烈关注自己微博上的粉丝数；有些大学生只要登录微博就会保持高度兴奋，在宿舍玩微博的时间远远多于学习的时间，就连去趟洗手间也要带上手机看微博；还有的大学生总是有信息危机感，担心自己每天接收的信息不够，以至于每天不停地浏览信息，晚上睡觉前都强迫性地多次打开网络浏览最新信息，大大影响了睡眠质量。

七、网络抑郁

网络抑郁是由上网引起的持续时间较长的低落消沉的情绪体验，对什么都提不起兴趣，常常感到精力不够，注意力难集中，思维迟钝，同时伴有痛苦、羞愧、消沉、自怨自责、悲伤忧郁的情绪体验。自我评价偏低，对前途悲观失望。处在网络抑郁状态下的大学生常常精神萎靡不振，缺少青少年应有的朝气和活力，对生活失去广泛兴趣，感觉迟钝、容易疲劳，严重者甚至会产生轻生的念头。调查显示，上网时间长了以后，下网后的确有一部分学生有轻重不同的抑郁症状。例如，上网后"闷闷不乐、心情低落"；"昏昏欲睡、不愿去上课、学习"；"不愿回到现实中，感觉失落、情绪低沉、什么也不愿干"；"懒得见人，对于什么事都嫌麻烦"；"早上不愿起床，心绪不宁"等。

第四节 大学生健康网络心理的培养

一、培养大学生的多种兴趣爱好来填补除了学习之外的空余时间

因网络而引发的心理问题多种多样,所以,转移注意力,避免因网络影响身心健康,最直接有效的方法是培养大学生的多种兴趣爱好来填补除了学习之外的空余时间。大学里有类似吉他、网球、自行车、音乐、舞蹈等各种社团和大学生组织,参与其中除了可以帮助自己远离网络之外,也可以发现自己的兴趣和特长,利用课余时间加以培养使其成为自己的一技之长。同时,这些爱好和特长会增加一个人的自信,而这种自信本身就是一种优势,它能抵制影响心理健康的不良因素,甚至可以治愈心理困扰。

二、具有自律意识

对于一个人来说,只有自律才能既充分体现其自尊、自主与自由,又充分培养其自我控制力,养成良好的"慎独"习惯。在网络社会里,由于信息含量巨大,各种文化与价值理念交织纷纭,各色诱惑比比皆是;另外,网络社会又是一个充满自由的社会,缺乏非常强大的外在约束。面对这一虚实难辨、是非难断却又无明确而强力约束的多彩世界,大学生会因认知偏差或侥幸心理而产生心理困惑与矛盾,以致产生各种各样的网络心理问题。在这样的网络社会中,自律的重要性与意义显得尤为突出。一个缺乏自律的人不可能是一个自尊自重的人,也是一个不能获得自由与自我价值实现的人。大学生应合理安排好自己的日常生活,保持正常的生活、工作,学习规律,控制上网时间。同时,要勇于直面现实、直面人生,积极面对现实,应多参加有益的社会活动,从网络的迷恋中解脱出来。

第一,要理智地控制上网时间和次数,避免长时间上网。

第二,对网上经常出现的色情图片信息,应洁身自好。

第三，认识到网上交际不能代替现实生活的社交活动，因此必须调整身心、纠正错位的思维定式，并在此基础上处理好各种人际关系。

第四，有心理疾病的人最好不要上网去寻求安慰，应求助于心理医生。

第五，不要把上网作为逃避现实生活问题或者排遣消极情绪的工具。

第六，上网之前先定目标，把具体要完成的任务列在纸上。

三、具有自我责任意识

青年大学生是国家的栋梁之材，肩负着振兴民族、实现共产主义的重任，大学生应该有一种责任感和使命感，认清当代的国情，了解国际形势的发展变化，树立竞争意识和危机感，从而避免把大把的时间浪费在网络世界里，转而努力学习自己的文化知识，掌握专业技能，为祖国的发展贡献力量。

四、营造积极健康的社会环境

学校、家庭和个人都是社会的组成部分，深受社会环境的影响，在具体做好学校教育、家庭教育和个人教育的同时营造良好的社会环境才是做好大学生网络心理健康教育的长久之计。网络世界千姿百态，一些非法网站、黄色网站依旧大量存在，侵蚀着大学生的思想。因此，净化网络社会环境尤为重要。这需要有关部门不断提高网络监管力度。值得一提的是，要从根本上促进教育发展和人才培养，必须摒弃学历至上的传统观念，严禁一些单位在人才招聘时打出只要 211 高校或 985 高校的大学生。这种只要名牌学校大学生的现象使得许多普通大学的大学生开始有了自甘堕落的行为，使得一些原本优秀的大学生开始不自信，在起步之初就被关在门外。这些重大社会问题的解决需要国家出台相关的政策引导和约束，需要社会中每一个人树立一种社会责任意识，从提高自身素质开始，为营造良好的大学生网络心理环境贡献一份力量。

五、营造良好的学校教育氛围

（一）加大校园网络建设力度

要从学校的实际出发，制定措施，加大投入力度，充实校园网站的内容,充分发挥现代网络媒体的作用,把互联网的负面影响降到最低限度。此外,还要结合本校特色,大力倡导健康向上的网络文化,不断更新内容,最大限度地吸引学生。

(二)加强对网络的监督和管理

高校要建立起网络信息管理的常设机构,制定网络行为准则,规范大学生的网络行为,对网上反动、黄色、不健康的内容进行清理,要建立校园网络信息发布的审核程序,对有害信息和有害网站的进入最好用技术手段加以过滤或堵截,以营造一个良好的校园网络环境。此外,学校还要开设上网指导课,强化法制教育,加大有关网络规章制度和法律知识的宣传和教育力度,把有关网络管理规范性文件补充到学生守则中去,使学生认识网络不良行为危害的严重性,从而引导大学生树立健康的上网意识,提高其自身的抗干扰能力和免疫力。

(三)积极开展健康有益的网络竞赛活动

在校园网上,可以积极开展健康有益的网络竞赛活动。比如,诗歌、散文、橱窗板报、书法绘画、网页设计等,让学生自觉地参与到良好校园网络氛围的建设中来。同时,让他们从不同的方面展示其才华和创新能力,增强其自信心,丰富校园网络文化,从而扩大其辐射面,增强其影响力,也有利于个体与群体之间彼此的和谐。

(四)开展网络心理咨询

学校可以充分利用网络媒介,开展网络心理咨询。网络的匿名性可以使学生不必担心自己的心理问题暴露在众目睽睽之下,因而可以直接而真实地表述自己,说出自己的真心话,从而减少传统心理咨询中阻抗的发生,更有利于心理咨询的顺利进行。开展网络咨询应从以下两方面入手:

第一,利用网络快捷、保密性好、传播面广的优势,开设网上心理咨询,如设立心理咨询网站,传播心理知识,进行网上行为训练的指导,开设在线心理咨询。

第二,抓好学生上网的心理、网络人际交往的心理特征、网络性心理障碍、虚拟与现实的人际关系的比较等大学生网络性心理问题的研究,设计出一套可操作的、有效性强的网络性心理障碍咨询方案。

第九章

大学生择业心理

随着我国社会主义市场经济的进一步完善,产业结构的不断优化调整,城市化率的逐渐提高,加之世界整体经济环境的变化,我国人力资源结构不断进行着调整。这给大学生就业带来巨大的压力,就业形势十分严峻。为此,高校应对大学生就业创业教育给予重视,充分引导学生了解就业形势、就业趋势,力求为大学生就业提供最大帮助。

第一节　职业生涯规划概述

一、职业生涯的内涵

"生涯"的英文是 career,意思为古代战车。后来引申为人生的发展道路,又指生活中各种事件的演进方向和历程。"生涯"的概念是广于"职业"的。我们可以将"生涯"理解为介于"生命"和"职业"之间的概念,它的外延并未大到与"生命"等同,但也未小到与"职业"等义,其内容是比较宽泛的,具有丰富的内涵与自身的特性。职业生涯是个人一生的职业道路和发展历程。纵观个体职业生涯的进程,个人的特质和经验,包括心理特质、生理特质、家庭背景、外部环境状况及地震、意外、疾病、死亡等不可预测的因素,都对个体的职业生涯产生影响。在这个进程中我们也不难发现职业生涯的特点。

（一）独特性

职业生涯是个人依据人生理想逐渐展开的一种生命历程。每个人的职业生涯都会有自己独特的发展轨迹,也许某些人在形态上有相似的地方,但其实质可能是完全不同的。

（二）阶段性

职业生涯会随着年龄和阅历的增长分为不同阶段,人在不同阶段需要完成的任务及承担的角色也有所不同。

（三）发展性

职业生涯是随着外部环境和自身条件的变化而不断发展与完善的,即是一个动态的发展历程。不同阶段随着职业生涯的目标逐步实现,人生视角更加广阔,正所谓"登高望远",追求的目标也会不断提升。

（四）互动性

职业生涯并不是独立的。个人的职业生涯与社会文化、政治、经济等因素息息相关,同时与自身的生活、学习、家庭等因素密不可分。

二、职业生涯规划的概念

职业生涯规划又称为"职业生涯设计",普遍认为是著名管理学家诺斯威尔首先提出这个概念的。他认为,职业生涯设计就是个人结合自身情况及眼前制约因素,为自己实现职业目标而确定行动方向、行动时间和行动方案。尽管之后其他学者对职业生涯规划的概念有不同的理解,但各种理解上的差异并不能掩盖职业生涯规划在人们观念中的共识。应该说,诺斯威尔的定义从一开始就为职业生涯规划定下了基调,具有典型意义。对职业生涯规划概念的认识,应着重把握以下三点。

（一）职业生涯规划分为认知、设计、行动三大部分

职业生涯规划是一种复合化的行为过程，应包括认知、设计和行动三大部分。三者环环相扣，浑然一体。

1. 认知

认知包括对人生理想、职业价值观、兴趣爱好、个性特征、能力状况等主体方面的认知，也包括对家庭条件、社会环境、职业分类、工作性质的认知，还包括对职业生涯规划理论和方法的认知。

2. 设计

设计是指个体根据认知为自己有针对性地树立职业目标、制订实施方案、确定阶段任务。

3. 行动

行动是将设计的内容付诸实施。

（二）职业生涯规划深受客观条件的影响

职业生涯规划受到客观条件的显著影响，概括来说包括以下几方面。

第一，职业生涯规划属于一种社会科学，本身无法做到像自然科学那样严谨精确。

第二，职业生涯规划的调整是主体与客观因素的适应关系，但客观上的因素是无法完全预料的。职业生涯规划所能做到的是根据既有的因素去安排路线和行动，在客观因素变化时，也能运用合理的方法去应对。但是，如果没有这些准备，在面对新情况时，也很难找到合理的方法解决，所以职业生涯规划为个体的发展提供的并非如建筑图纸那样的细致无缺，它提供的是让我们合理有序发展的框架。

（三）职业生涯规划以职业实现和职业维持为中心

职业生涯规划以职业实现和职业维持为中心，同时包含对性情培养、家庭角色扮演、生活方式和状态等非职业因素的规划。对于大多数人而言，职业是物质生活来源的基础，也是心理塑造的重要因素，正因

如此,职业生涯规划才会成为一个独立的研究主题,甚至在某种意义上,职业生涯规划可以等同于生涯规划。所以,职业生涯规划的核心是找到适合自己的理想职业,并得以维持。但是职业的实现和职业的维持不是孤立的,它们需要生涯的其他方面做支撑。比如,家庭的建立往往有助于职业因素更大地发挥作用,家庭的建立形态等也会影响着职业的选择,同时家庭的建立也影响着职业结束后个体的归属。所以,职业生涯规划是关于个人生涯较全面的规划过程。

三、职业生涯规划的特征

职业生涯规划具有显著的特征,概括来说主要包括以下几方面。

(一)时间性

职业生涯规划有一个时间跨度。按照规划时间的长短,个人职业生涯规划可分为短期规划、中期规划、长期规划、人生规划四种类型。人们通常是长短期并举,首先确定人生规划、长期规划,而在操作层面上则把中期规划作为个人职业规划的重点。由于时间太长的规划因环境和个人自身的变化很难具有操作性,时间太短的规划意义又不太大,而中期规划既易依据现有条件做,又便于根据规划执行的反馈信息及时调整规划的策略与内容,使中短期规划更具可操作性。

(二)个性化

每个人的成长环境、文化背景、职业目标、对社会的认知等不尽相同,所以不同的人的职业生涯追求不同,规划也不相同。因此,职业生涯规划必须由自己来做,别人是无法替你做规划的。每个人的个人职业生涯规划都具有强烈的个性特征,是个性化的发展蓝图,虽有共同的规律,却没有固定的模式,只能由个人根据自己的实际情况制定。

(三)开放性

个人职业生涯规划要置身于社会环境、组织环境和他人的影响之中。因为人是社会动物,一份有效的职业生涯规划必须是在对主客观条件审度的基础上,广泛听取他人的意见之后才制定出来的。而且,在这个开放变化的社会里,有效的个人职业生涯规划要经历数次的修正和调整,绝不是一成不变的。

四、职业生涯规划的原则

原则是行动的基本规范,也是行动取得预期效果的行动指南。良好的职业生涯发展规划应既有利于个人职业生涯活动有出色的表现,又有利于个人的整体发展、家庭生活质量的提高和社会的和谐进步。因此,要做一份良好的职业生涯规划,就必须遵守下列基本原则。

(一)实用性原则

一份职业生涯发展规划不管表面多么诱人,都得经过实践的考验。因此,在进行职业生涯规划时必须讲求简便易行的实用性原则。在实用性原则里,应考虑目标是否符合自己的性格、兴趣和特长,能否在规定的时间内完成,实现目标的途径是否能在自己的特质、社会环境、组织环境等范围内执行,可行性有多大;在执行职业生涯发展规划的过程中,自己能否随时掌握执行的情况,能否进行有效的评估等。

(二)可行性原则

职业生涯发展规划涉及多项具体的任务和实施步骤,因而要求规划者不仅要具备规划的意识,更应在规划中体现操作的程序环节。一份好的职业生涯规划,其操作性最终会落实为时间、地点、资源、对象和程序的具体化内容,以此保证规划可以通过实施者的行为活动而得以完成。规划要依据个人的特点、社会的发展需要来制定,若是具体规划,还不可避免地要明确其中的人、事、物相关资源的取得、调整和利用等操作手法。

(三)针对性原则

在现实生活中,每个人的成长方式和发展历程是不同的,每个人的生活习惯和性格爱好也是不同的,因此,尽管很多人的专业和从事的职业工作相同,但他们并不能通用一份职业生涯规划。在通常情况下,对使用者来说,个性的职业生涯规划才是好的职业生涯规划。这是因为一份好的、充满个性和有针对性的职业生涯规划,其出发点是指向使用者本人的,是能够体现其个性、个人特质和其个别化的资源配置和利用的。因此,在制订职业生涯规划时,也一定要遵循针对性原则。

（四）阶段性原则

阶段性原则指的就是在进行职业生涯设计时,要充分考虑自身所处的不同发展阶段,有目的、有步骤、有计划地调整和安排各个不同阶段的职业生涯计划。人生所处的阶段不同,生活的主要内容以及奋斗目标也会有所不同。

（五）独立性原则

独立性原则是指在进行职业生涯规划时要有自己的主见,根据自己的志向和判断独立做出职业选择,不能过分地依赖他人,更不能把自己的命运决定权给予他人。在大学生择业时,其周围的人,如父母、亲戚、朋友和老师等,都会给出一些建议,提出他们的期望。这些建议与期望的出发点都是好的。但是,他们的价值观和考虑问题的角度不可能与大学生自己的想法完全一致,所以,他们的建议未必会符合大学生个人的发展实际。比如,有的大学生家长可能一心期望自己的孩子能成为一名政府官员或是成为一名教师,于是劝自己的孩子进入机关或学校工作,但大学生自己却觉得官场与学校的生活都不适合自己,而更愿意在技术领域做出一番成就,这个时候就需要大学生自己进行人生规划,自己拿主意,把握命运,毕竟只有自己才最了解自己,才清楚自己的特长和不足之处。

（六）明确性原则

规划是预测未来的行动。规划中的各项措施与行动应该有清晰明确的时间表,各项主要行动何时实施、何时完成,应有明确的时间和顺序上的安排,以作为检查行动的依据,及时评估和修正。

（七）能力特长原则

任何一种职业都需要一定的能力,不同的职业有不同的能力要求。任何一种职业技能都是经过学习和培训才能为劳动者所掌握的。在对自己的能力特长有一个正确认识和评价的基础上,根据自己的能力、特长来规划职业生涯是十分重要的。

（八）职业发展原则

职业是个人的谋生手段,其目的在于追求幸福。当目前的职业很难成功,或眼前的工作尽管能带来稳定的收入和不错的福利,但不能长久发展时,应遵循职业发展的原则,重新择业,找一份适合自己发展的工作。

（九）社会需求原则

选择职业作为一种社会活动,必然会受到一定的社会制约。大学生择业时,应积极把握社会对人才的需求动向,把社会需要作为出发点和归宿点;以社会对个人的要求为准绳,既要看到眼前利益,又要考虑长远发展;既要考虑个人因素,也要自觉服从社会需要。

五、职业生涯规划的五种基本能力

（一）认识能力

了解自己的兴趣、能力、性格和职业价值观。喜欢从事学术研究的人和喜欢从事务实工作的人在职业生涯规划上有很大的不同:前者考虑大学毕业后继续深造,培养研究能力;后者可能考虑先直接工作。如果不能对自己有一个正确的认识,往往会舍其所长,就其所短。

（二）生涯决策能力

生涯决策通常由设定目标建立行动计划,找出各种行动方案、评估可能结果的利弊得失,系统排除不适用的方案和开始行动几部分组成。一些理想型的大学生在就业的过程中容易出现生涯决策犹豫的心理,从而错失就业良机。

（三）收集有关生涯发展信息的能力

了解各种职业的结构,包括专业学科用人趋势经济状况、社会需求以及发展的空间与前景等。对周围环境认知不确切,对环境估计不足会出现坐等心理。

（四）发展推销自己的能力

找工作除了自身的实力外，还需要提高求职技能。如参加和学习与就业方向有关的暑假工作、社会实践活动；撰写专业学术文章，提出自己的见解；积极参加招聘活动；进行模拟面试训练，强化求职技巧等。

（五）了解自己所追求的生活形态，发展适应工作的能力

职业没有高低贵贱之分，做到极致都可以成功。不同的职业决定个人在什么样的环境下工作和什么样的人共事，以及每天的作息、休闲、家庭生活如何等。当然，有时也会碰到许多挫折和不快，使我们产生怀疑，这时就要学习一些自我调适的方法。当你修正自己的做法后，如果还是成效不大，无法平复内心的不满、压力和倦息感时，这时你可能变了，以前的兴趣已不再适用了。这时，你可能要回到职业生涯规划的某一点，再次找寻一个适合成长后的你的职业生涯。也有可能，你需要检视自己在工作、情感和自我成长这三件大事上是否取得了平衡，毕竟生命是一段旅程，而不是目的地。

第二节　大学生职业生涯规划辅导

一、大学生职业生涯规划的影响因素

影响职业生涯规划的影响因素有很多，概括来说主要包括以下几个方面。

（一）健康因素

健康对于职业选择特别重要，几乎所有的职业都需要健康的身心。有人问古希腊哲学家赫拉克利特身体健康的重要程度，他说："如果没有健康，智慧就无法表露，文化就无法施展，力量就无法战斗，知识就无法利用。"

（二）年龄因素

年龄对职业生涯规划的影响也不容忽视。对工作的态度和看法、对机会尝试的勇气、完成任务的能力和经验，不同年龄的人表现都有所不同。古人所谓"三十而立，四十不惑，五十知天命，六十耳顺"是有深刻道理的。

（三）性别因素

虽然男女平等的观念已普遍被现代社会所接受，但传统观念"性别因素"仍然在职业中起着不可忽视的潜在作用。因此，在规划职业生涯和求职时，要做好充分的思想准备，寻求与性别相适宜的、与理想相统一的职业，这有助于自己走向成功。虽然由于工作性质的不同，有一些工作适宜女性，有一些工作适宜男性，但男女具有同等的发展机遇，只要我们努力，每个人都能实现自己的职业理想。

（四）性格因素

性格在我们的职业乃至一生中都会起到很大的作用，我们也会常常听到性格决定命运这样的话，但是我们又有几个人真正了解自己的性格呢？每个人都会有自己独特的个性，所以每个人的职业和人生也就不同，正是因为性格不同也就造就了形形色色的人。

（五）兴趣因素

兴趣对职业生涯的规划影响巨大。在影响个人职业生涯规划与发展的众多主观因素中，兴趣就像一双无形的手，对职业生涯的发展至关重要。现在有一大部分人在从事自己不喜欢的工作，这也是造成职业倦怠和职业边缘化的一个主要原因。

（六）家庭经济情况因素

家境的优劣也是影响职业生涯规划不可忽略的要素。家庭负担重的人，家庭责任感会使自己有着更大的就业压力，甚至会改变原来规划好的职业目标。因此，我们在进行职业生涯规划时，必须考虑家庭状况，以平衡家庭责任与理想之间的关系。

（七）社会环境因素

社会环境因素决定了社会职业岗位的数量结构层次,同时也决定了人们的职业观念,决定了就业的方式、职业观和个人职业生涯的历程。比如,目前我国市场就业机制的建立和发展,学校推荐,双向选择,自主择业,竞争上岗;国有企业的改革调整;职工下岗再就业机制的不断完善等。在这种状况下,某些行业劳动力相对过剩,岗位相对减少,若得到一个比较理想的职业,必然会加倍珍惜,工作态度和敬业精神就显得非常重要。

（八）受教育程度

教育是赋予个人才能、塑造人格、促进个人发展的活动,教育程度是事业成功不可缺少的条件。获得不同教育程度的人,在个人职业选择时,具有不同的能量和作用。受教育程度较高的人,在就业以后会有很大的发展,在职业不如意时,再次进行职业选择时能力和竞争力也较强。受教育程度低的人,在职业选择和发展时相对处于劣势。人们接受教育的专业、学科门类及层次对职业生涯也起着重要的决定作用。

二、大学生职业生涯规划的意义

职业生涯规划不仅能够帮助个人实现目标,还能帮助个人真正地了解自己。概括来说,职业生涯规划的意义包括以下几个方面。

（一）帮助大学生树立正确的择业观念

时下就业市场上之所以会出现"公务员热""金融热""房地产热"等现象,很重要的原因就是很多大学生没有正确的择业观念,而一味地追随大流,或者仅仅认识到社会环境对职业发展的影响,而没有考虑到自我的身心特点和未来发展的目标。没有正确的择业观念,带来的结果往往是就业中的四处碰壁,或从事了一个不适合自己的职业,导致个性被压抑,能力被限制,生活上郁郁寡欢,事业上步履维艰。"三百六十行,行行出状元。"对于有抱负的人而言,其实大多数职业都有广阔的施展空间,都能实现人生的价值。正确的择业观念应当是自我认识、环境认识、价值目标认识的系统结合。而职业生涯规划可以帮助个体在此基础上树立具体的、有针对性的择业观念，从而对机遇的把握更为全面和深刻。

（二）指导大学生确定恰当的人生目标

目标是人生之路的灯塔，它指引着奋斗的方向，也给予奋斗的动力。但是，确定一个恰当的人生目标绝非易事。目标确定得过于宏大，就会找不到实现目标的入手之处，对个人成长起不到促进作用；目标确定得过于狭隘，会使得个人的成长受到过多的拘泥，最终限制了发展的空间。而职业生涯规划所包含的各种理论、方法、工具，可以帮助大家准确地认识自我，在正确自我定位的基础上，结合外部条件和社会需要确定切实可行的目标。

（三）有利于促进个人努力工作

职业生涯规划的制订将会给个人树立一个明确的标靶，明确了目标，个人才能奋勇前进。随着职业生涯规划内容一步一步地实现，个人的成就感会不断地增强，这将有利于促进自己进一步向新的目标前进。随着职业生涯规划的不断实现，个人的工作方式和思维方式也将不断地发展和完善。

（四）有助于个人抓住工作的重点

职业生涯规划能够帮助我们评价工作的轻重缓急，并合理地对日常工作进行安排。一个人若是没有职业生涯规划，就会很容易被跟人生目标无关的日常事务缠绕，甚至沦为琐事的奴隶，无法实现人生目标。职业生涯规划就是为了帮助个人抓住工作的重点，增强成功的可能性。

（五）有助于个人评估自己的工作成绩

职业生涯规划的一个重要功能就是向个人提供了一种自我评估的重要手段。具体规划的每一步实施结果就是可见、可测和可评的。制定了职业生涯规划，个人就可以根据规划的进展情况对自己目前已取得的成绩进行评价。

在当前这个时代，只有制订一个好的职业生涯规划，才能掌握好自己的竞争优势，发挥个人的潜能，并充分把握稍纵即逝的机会，实现预定的目标。

（六）促进人全面发展的重要手段

随着生活水平的提高，人们的自我意识逐步增强，人们的要求已经不仅仅停留在健康、财富的基础上，而是渴望获得全面发展。大学生要对自己有一个全面的认识，要根据自身情况选择人生的发展路线，这就离不开职业生涯规划。

（七）帮助大学生提升自身的价值

在职业生涯规划的过程中，要求规划者对自身的价值重新进行评估，并通过层层递进的评估重新审视自己，重新认识自己的价值。在此基础上，根据职业方向来确定相应的行动计划，从而进一步增强自己的职业竞争力，提升自身的价值。

（八）帮助大学生立足现有成就，确定高尚奋斗目标

事实证明，许多在事业上失败的人，并不是没有知识和能力，而是在于他们没有很好地规划自己的职业生涯。只有明确了目标，大学生才有奋斗的方向，才会积极地创造条件实现目标；只有明确了目标，大学生才能找到与自己最匹配的职业发展道路。

（九）帮助大学生认识既有的发展状态

认识既有的发展状态，包括对个性的认识、对现有能力和不足的认识、对发展阶段的认识等。如果对既有的发展状态有较好的把握，就可以确定之前所做努力的效果，明确下一步应做的工作。这样，我们就能知道今后是应该继续沿用之前的发展思路，还是进行适当的调整。这既可以作为一种对之前确定的人生目标的检验，又能促进我们进一步迈进自己的人生目标。

三、大学生职业生涯规划存在的问题

（一）大学生对职业生涯规划尚未建立正确认知

学生是大学生职业规划的主体，规划的分析、设计和实施均与学生密切相关。高校开设的职业生涯规划中心和就业指导中心仅可为大学

生职业生涯规划提供基本的思路和指导,其他工作仍需大学生自己独立完成。但是当下很多大学生无法正确认识职业生涯规划工作,将学校就业指导部门视为工作的主体,在职业生涯规划中过于依赖就业指导部门,自身无法主动参与其中,职业生涯规划效率低,未能达到理想的效果。

(二)职业生涯规划方法存在明显不足

现阶段,我国高校就业指导中心充分了解了大学生的职业规划需求,力求为大学生提供科学的指导。综合指导涵盖就业信息和就业政策咨询、职业测评等诸多内容,尽管可在短时间内满足学生的就业指导需求,但是无法帮助学生在长期的就业和发展中制订切实可行的就业目标和职业生涯规划,一定程度上阻碍了学生就业,不利于充分发挥职业规划的作用。

(三)专业人才数量有限

目前高等教育已经广泛普及,高校毕业生数量呈逐年增多的趋势,很多学生需要接受专业的职业规划指导。因此,高校职业生涯规划工作的任务量较大。但当下我国专职专业的规划设计人员数量明显不足,部分高校仅由辅导员兼职职业生涯规划指导,影响了指导工作的专业性与科学性,且学生也无法高度认同学校开展的职业生涯规划指导工作。

四、大学生职业生涯规划问题的应对策略

(一)培养学生的参与意识,正确认识职业生涯规划

大学生是职业生涯规划工作的主体,学生只有正确认识职业生涯规划的意义与价值,主动探寻职业生涯规划的策略,依据自身特点和实际,接受教师针对性的指导,丰富职业生涯规划的内容,方可有效保障职业生涯规划工作的顺利进行,这样职业生涯规划与学生个人发展的协调性也会有所提升。学校的高度重视与积极配合是提高高校大学生职业生涯规划工作水平的基础条件,有利于学生未来的全面发展,改善大学生的就业现状。

（二）建立完善的职业生涯规划指导体系

若想切实改善大学生职业生涯规划发展的现状，高校就需创建科学完备的职业生涯规划体系，为大学生提供高质量的职业生涯规划指导服务，以此解决大学生在职业生涯规划当中遇到的诸多问题，解答学生困惑，促进学生就业。为创建完善的职业规划指导体系，学校应设置专业的职业生涯规划指导课程，让教师依据学生的实际情况及未来发展需求，对学生的职业生涯规划组织开展专业指导，以此全面展现职业生涯规划的作用与价值。

再者，高校要为学生提供及时、可靠的职业生涯规划咨询服务，引导学生高度重视职业生涯规划建设工作，让学生能够在教师的科学指导下明确个人就业方向，并向着这个方向不断努力，更好地展现职业生涯规划在大学生就业和个人发展中的作用。

最后，要建立高素质的专业职业生涯规划指导队伍。职业生涯规划工作的执行者是职业生涯规划指导专业教师，只有建立专业的指导队伍，方可更好地体现职业生涯规划的针对性和先进性，同时也可使学生高度认同学校开展的职业生涯规划工作。所以，学校需采取科学有效的措施，不断完善教师培训和教育工作，可以聘请专业的职业规划师为学生提供更加完善可行的职业生涯规划指导。

（三）组织开展针对性指导

大学生的学习状态具有十分鲜明的阶段性特征，不同阶段的学习重点存在一定的差异，且不同阶段大学生的心理状态也有所不同，思维模式和思考问题的角度也会因此发生较大的改变。所以，教师在指导大学生职业生涯规划的过程中，应充分了解和掌握学生所处的阶段，并根据该阶段学生学习的主要特点和心理特征，开展针对性的指导，从而全面展现职业生涯规划指导的作用与价值。

（四）充分了解学生的个性化需求

每个人都是独立的个体，并独具特性，不同学生的思维和理念也存在着十分明显的差异，就算在同一个专业和班级，每个学生的职业生涯规划也可能存在着十分显著的差异。教师要全方位了解和掌握每个学生的实际需求，认真分析学生的性格特征，帮助学生设计多种就业路径,在充分尊重学生个人意愿的基础上,扮演指引者的角色。学生在计划个人发展时也要明确自身的喜好和日后想要从事的职业,有选择地接受教师的指导。

(五)基于信息技术创建信息化职业生涯规划平台

现如今,信息技术日益完善,广泛应用于高校大学生职业生涯规划工作中,创建信息化职业生涯规划平台成为未来职业生涯规划发展中不可逆转的趋势。所以,高校应始终坚持以人为本的教育理念,利用信息技术建立专业、先进的职业生涯规划平台。学生可在平台上分享先进的职业生涯规划理念和方法,教师也可向学生展示成功且具有代表性的职业生涯规划案例,让学生在平台上获取更多有价值的信息。此外,在建设信息化平台时,也可邀请专家和企业工作者提供专业的在线指导服务,保证大学生职业生涯规划指导的科学性,让学生了解社会对人才的各项要求。

(六)创建高素质的专业教师队伍

学校可组建一支受过专业培训、具有专业职业生涯规划教育知识的教师团队,专门负责大学生职业生涯规划教育工作。在工作中,教师需始终坚持集体备课、系统学习、共同探讨、互相帮助和共同进步的原则,从而为职业生涯规划教育的转型过渡提供强大的支撑。从长远的角度来看,学校需聘用或培训一批职业生涯规划教育知识和经验相对丰富的人员,进而形成专业能力较强的高素质团队。在工作中教师要做到系统研究,注重教学的科学性,建立完善的管理体系,为职业生涯规划教育工作的科学化、专业化和规范化建设奠定坚实的基础。

第三节　大学生择业心理的调适

一、我国大学生就业的社会发展形势分析

尽管大学生就业的总体形势严峻,但是我们也不要悲观,应该看到

不利之中还有许多有利因素：我国经济发展态势良好，为毕业生提供了较好的就业环境。虽然国际经济环境不景气给我国经济造成严重的冲击和影响，但由于我国政府采取了拉动内需、产业结构调整、国企改革等积极而行之有效的经济政策，使我国经济能够连续多年实现平稳快速增长，良好的国内经济环境为毕业生就业创造了许多有利的条件。

高校就业指导工作不断加强，学生的就业心态越来越好。经过多年的改革发展，毕业生就业工作在学校越来越受到重视，就业指导机构普遍得到充实和加强。以高校为基础的各种形式、不同规模的就业市场活动日趋规范，并受到毕业生和用人单位的普遍欢迎。一方面，高校积极为毕业生开展就业指导，为毕业生就业创造条件；另一方面，大多数毕业生能够认清形势，调整心态，及时转变观念，不断提高谋职、就业能力。许多学生都树立了"先就业、后择业"的观念，相信"是金子总会发光的"，对自己的未来充满自信。

毕业生的综合素质不断提高将有助于顺利就业。近年来，各高校努力提高教学质量，加强大学生综合素质培训使大学生素质有了明显的提高。

二、大学生择业管理的意义

人们去工作，从客观上来看是为了维持社会系统运转而从事的一项活动，从主观上来看不外乎为了满足物质的和心理的两种需要。物质需要包括为维持生计所不可缺少的衣、食、住、行等基本需要，心理需要则包括除了温饱外的一些更高层次的需要，如维护和充实自我，体现自身的价值，实现某种理想等。大部分人去工作是为了同时满足这双重的需要。在经济发达的社会中，维持生计常常不只是工作的一个附带（尽管是必不可少的）目的，更重要的往往是为了满足个体心理上的需要。

每一个人都希望能维护自身的尊严，能被他人和社会所接受、赞赏和尊重。追求出类拔萃已成为人类的基本心理需要之一。在现代人看来，高成就是提高个人地位的基础，也是自尊心的核心。因此对许多人而言，工作就成了改善人的地位和自尊的最重要的来源。每一职业都将它的挑战和奖赏提供给高成就者。如果一个人在日常工作中受到挑战和奖赏，他会感到自己是幸运的，他的职业选择是明智的，并会继续以极大的热情和创造性去完成他的工作；如果一个人在工作中不能获得成就,不能得到奖赏,这项工作对他就失去了心理上的意义。尽管不影响生计,他还是会感到精神压抑,希望重新更换职业,以期能够充满活力地生活。研究显示,从事能够带来乐趣、激奋和尊严的工作有利于人的长寿;如果长时期不得不从事毫无乐趣、使人厌倦的工作则很容易导致人的身体和心理上的疾患。

（一）有助于大学生职业的选择

择业是整个人生历程中一个至关重要的选择。对一名大学生而言,当受到种种因素的限制(如父母的意愿、所学的专业、身体的条件等)而可供选择的机会不多时,面临的主要问题就是职业上的适应。当选择的余地很大时,则需考虑到影响自己做出选择的众多因素,并充分利用科学所能提供的一切帮助来完成这个抉择。

概括来说,影响大学生择业的常见因素主要有以下几个方面:

（1）兴趣。对多数大学生来说,对某种职业是否感兴趣往往是择业的一个重要条件。一般来说,只有对自己从事的职业有浓厚的兴趣,才会迷恋其中,发挥自己在这方面的才能,才会具备克服困难的决心和毅力去努力做出成就,并从中获得满足。但是如果把兴趣作为择业的首要条件,也可能失之偏颇,因为在并不复杂的生活经历中做过的事情不会很多,而人对于自己没有做过的事并不能准确地判断自己是否对其感兴趣。只要善于从所从事的工作中找到乐趣,那就离成功不远了。

（2）能力。能力包括智力和一些特殊的能力。一些学术性、技术性强的工作需要较高的智力;一些比较特殊的职业需要一些特殊的能力。如建筑师要有较强的空间认知能力;会计师要有较强的算术能力;指头灵敏度不强的人不宜做牙科医生;颜色辨别能力较差的人不宜做工艺美术、服装设计等工作。如果选择的职业与你的能力相匹配,那么在日后的工作中就不会有太大的压力,也就比较容易出成绩;如果所选择的职业与能力不相匹配,即使再感兴趣也难取得突出的成就。

（3）人格特征。有些职业对心理健康状况的要求比较高,如心理工作者、社会工作者、精神科医生等。有些职业需要特定的气质和性格方面的特征,如管理人员需要独立性、果断性、支配性较强;外交人员要兴奋性偏低、沉着、反应快;飞行员要灵活性大、耐受性强、勇敢、沉着等。一个人的心理状况与他的成长背景、人格背景有密切的关系,而气质、性格方面的特征又是相当稳定的,人不可能随心所欲地按照客观环境的需要去改变它们。因此,如果在择业的时候忽略了这方面的条件,所选的职业与你的人格特征不相匹配,就将给你的职业适应带来极大的困难。

(4)价值观。每种职业都有其社会价值、经济价值和心理价值。职业的社会价值常随社会环境的改变而改变,职业的经济价值常用收入水平及一些潜在的经济利益来衡量,职业的心理价值则因人而异。职业的这几种价值在每个人心中的权重是不一样的。有人注重职业的社会价值,宁可放弃外资企业中的高薪职位而去做政府公务员;有人只注重职业的经济价值,只要高收入,其他都不重要;有人则更注重职业的心理价值,他选择医生这个职业可能仅仅只为了它是一个救死扶伤的崇高职业。在择业过程中,若希望这三种价值都让你满意,恐怕很困难,你必须有所取舍。

(5)工作环境。工作环境包括工作场所的条件和有无升职的机会。工作场所的条件已渐成为都市人择业的一个重要因素。如大公司的办公室文员,工作内容单调、枯燥,收入水平一般,但工作场所清洁、舒适,因此被许多学文科的女大学生看好;而如航海、地质等野外作业的职业则少有人问津。另外,不管是从事技术性工作,还是行政、管理性工作都希望有升职的机会,如获知升职的可能性不大,这个职业就对许多大学生失去了吸引力。

(6)所学专业。在我国过去的大学生就业制度中,所学的专业与从事的职业有直接的关系。随着市场经济的发展,用人单位更加注重人的综合能力而不再仅仅是专业是否对口,跨专业、跨行业就业已不再是新鲜事。

(7)职业信息。随着计算机技术应用的日益广泛,人们在传播和获取信息方面也越来越方便、快捷。在择业过程中充分了解就业市场供需情况的总体信息和具体职位的分布情况将为你做出合适的选择提供帮助。

职业的选择是每一个人自己的特权,不少大学生在面临择业时感到茫然、混乱,还会有一种不安全感。大学生择业是面临着一次挑战和决策,出现不安全感是正常的心理反应,重要的是如何解除不安全感的方式。

如果他避免做出任何努力而运用种种心理防御机制来解除不安全感(如对自己说:"别着急,车到山前必有路。")是不健康的做法。如果他求助于他的师长、朋友,让他们来为他做出决定,也就是将解决问题的责任推给他人,那么他是不成熟的,这种解决方式称"依赖安全感"。如果他就择业问题请教了师长、朋友后做出了自己的选择,并担负起责任,他就表现了独立安全感,这是对人的成长最有帮助的方式。

心理学家认为,一次职业选择可以在任何一种建设性的基础上作出。一旦做出决定,你就去虔诚地追求它,无论遇到什么困难还是感到满足,都当成分内之事来接受。也就是坚持把你自身的存在和生命的责任感与这一决定的后果联系起来,那么你在生活的职业领域中就实现了独立安全感,你的这个决定就是健康的。

（二）有助于大学生职业的改变

有意义的工作对人的躯体和心理健康至关重要。常可看到一个人从毕生从事的职业中退休后很快就退化、消沉,甚至死亡。另外,也可看到对工作不满和感到压抑的人更容易患心脏疾病、消化道溃疡及其他疾病。

一旦一个人对他的工作失去乐趣,感到厌倦,这项工作对他就失去了意义,转而成为一种束缚,一种负担。长此以往,必然发生心理上的危机。此时,更换工作可能是一种最好的选择。心理学家认为对职业的选择并不一定是毕生都要坚持的,只要变动是负责任的,就是有益的。

职业的改变是又一次职业的选择,第二次选择与第一次会有很大的不同,会遇到一些很难逾越的障碍。最常见的障碍是来自自身的惰性与畏惧,以及来自他人的期望。

惰性与畏惧。一个人尽管对自己的工作十分不满,他可能还是会继续干下去,因为他懒得变动、害怕变动。他习惯于、熟悉于目前这种环境。如果要重找职业,就将面临许多未知的挑战和困境,这使他感到畏惧。他还可能害怕更换了工作后情况不会比现在更好。

他人的期望。一个人常会因为家庭中其他成员的阻拦而放弃改变工作。未婚时是父母的阻拦,婚后则是配偶的阻拦最具约束力。他们会说:"放弃这份工作太傻了,有那么多人羡慕你";或是"你这份工作挣的钱不少,换个工作未必就称心"等。家人们的愿望是美好的,因为旁人常常期望一个人继续像过去他们所了解的那样,这种期望就常使一个人继续留在令他感到失望的工作中。

更换工作往往比第一次选择职业需要更多的勇气,因为他不仅要面对职业的选择,还要面对自身的畏惧和旁人的不满。

三、大学生择业观的转变

我们在对毕业生的心态测试与咨询中发现,伴随着国家政治经济形势的变化以及毕业生分配制度的改革,大学生在择业手段、方向、内容、性质等多方面都在悄然变化。这些变化,同择业观混杂在一起,既有符合改革潮流与社会需要的良好趋势,又有同社会发展进步的方向不相一致之处。为引导大学生树立正确的择业观,有必要对大学生择业观转变的原因、方向及择业观转变带来的喜与忧几个方面进行客观的分析。

（一）择业观转变的原因

任何事物的发展变化都有其产生的根源,择业观当然不会例外。择业观是指大学生在职业选择上的种种心态,是大学生自我价值取向在职业选择领域内的表现形式。由于大学生的价值取向必然要受到社会政治、经济、文化等多种因素的影响,因此大学生的择业观不能不带有明显的时代特征。择业观的转变,要归结到大学生价值取向和择业领域的转变,而这种转变又来源于一定时期国家政治经济形势、科教改革等多方面的变化。

择业观转变的原因往往是复杂多样的,具体到某一个人又会有其特殊的情况,我们只能从总体上、大环境上的原因进行简析,在解决实际问题的时候,应对症下药,根据实际情况,做出具体分析。

（二）择业观转变的方向

从近两年各类不同院校不同专业学生的就业情况看,目前学生择业观转变的方向是十分复杂的,从总体看有以下特点。

在择业取向上,呈现多极化倾向。长期以来,在我国大学生择业倾向上一直存在着"天南海北"（即天津、南京、上海、北京）与"新西兰"（即新疆、西藏、兰州）两极分流的状况,造成我国人才分布上"一江春水向东流"的不合理布局。最近对大学生去向的意向调查中发现,学生不再单一地期望到大城市、机关、科研和高等学府单位工作,大多数毕业生开始从社会需求和个人条件等现实情况出发去选择专业,有些专业的同学更愿去生产第一线,到基层单位发挥才干。但是从总体看,情况仍不乐观,大学生毕业分布不合理现象没有得到缓解,从某种意义上讲,加剧了这种不合理布局。据调查,虽然留在大城市机关的同学比重下降,到中小城市的同学比重上升,但所去的中小城市也多数是经济发达地区及沿海开放地区,农村、城镇以及"老少边穷"地区仍然是大学生择业的冰点。特别值得注意的是,前几年计划分配的"老少边穷"地区学生无条件返回,历年又有一定的支边名额,而目前择业环境的宽松,不仅仅沿海地区的生源不愿到"老少边穷"地区,其本地生源也在想方设法挤向沿海特区大中城市。

在择业内容上,很多大学生不再过分强调"专业对口"。诚然,"专业对口"对解决"所学非所用"的人才浪费是十分必要的,但从实际来看,学生这种择业观的转变也很有道理。

第一,从大学生和用人单位的思想认识方面讲,大学生在毕业分配之前认为自己在××系读了四五年,应该分配个专业对口的工作,这样一来,势必缩小了择业范围,参加工作之后,过分强调"专业对口",则往往对自己所从事的工作不满意,甚至消极怠工。有的大学生在任职的一两年内,很难独立进行课题研究工作,如果让他先搞些资料工作,他又觉得大材小用,怨天尤人,认为"专业不对口",用人单位同样如此。过分强调"专业对口"直接影响接受优秀人才,因为所谓"人才",除专业知识之外,还要看素质。素质的内容很广,它包括学习记忆能力,分析理解、综合判断能力,独立解决问题的能力等,此外还包括一些基本的品质,如实事求是、认真负责的精神、正义感、主动性等。假如单凭"专业"选人才,未免思路太狭窄。

第二,从大学生的实际状况讲,过分强调"专业对口"是不切实际的,因为我国高等教育的内容与实际需要存在偏差,在"所教"与"所需"之间有着较大的结构差距,大学所设的课程基本上是基础课,多以理论教学为主,还没有深入到某种专业中去,需要在实际工作中体验、探求、思考,灵活地运用所学的知识,才能逐渐做到理论与实际相结合。

第三,"专业对口"的作用也有一定的局限性,在实际工作中,一个人的自学能力、理解能力、知识迁移能力、接受新事物的能力与创新等能力,往往比一两门专业知识还重要,改革、开放以及科研技术革新等实际工作都很需要知识渊博、素质好的"通才",而不要过分强调专业对口的毕业生。

在择业标准上,学生更多地考虑经济因素及发展前景,而将地理位置及工作性质放在稍偏后的地位。但从总体看,越缺少人才的单位,则越见不到高校毕业生。令人担忧的是,这必然会导致一种恶性循环,带来一系列社会问题。

（三）择业观转变的喜与忧

新的择业观产生的实际效果如何？从宏观上分析,一方面令人高兴,另一方面也不能简单的乐观。

1. 喜的方面

新的择业观对人才的成长是十分有利的,新的择业环境,使学生的自主择业意识成为现实,学生可以根据自己的爱好和特长选择适合于自己的工作,这对人才的成长很有利,从事适合自己的工作,更有利于施展自己的才华,才能更加努力,不断开拓创新,自然更容易出成绩,而从一定程度上避免了由情绪问题影响工作而造成的人才浪费。大学生分配的专业不对口是绝对的,而专业对口才是相对的,允许学生依据其特长和爱好选择与其专业不对口的职业,对其成长未必是一件坏事。

2. 忧的方面

第一,新的择业观干扰了高校正常教学秩序,学生对专业的认识上的淡化及择业手段的变化,使学生不安心专业学习,甚至产生"厌学风"。另外,择业手段多元化,使许多学习好的学生因手段单一而找不到好工作,许多不学无术的学生却因手段高明而寻求到好单位,从一定程度上助长了那种"学不如不学"的厌学风。

第二,择业追求的"短期效应"行为加剧了人才的不合理流向,由于一部分毕业生把生活理想放到高于一切的地位,追求待遇高,福利好,把外贸企业、合资企业、有出国机会的单位作为选择职业的目标,国家目前尚无相应措施加以牵制,势必加剧人才流向的不合理性。有人才、条件好、有发展前途的单位容易引进大学生,而条件差,又急需引进人才的"老少边穷"地区却引不进来人才,这确实令人担忧。

第十章

大学生心理危机干预

随着生活节奏的加快，高度竞争的激烈，各种关系的错综复杂，人们面临的危机越来越多，使人思虑过度，素不宁心。不仅会引起睡眠不良，还会影响人体的神经体液调节和内分泌调节，进而影响机体各系统的正常生理功能。当代大学生出现心理危机的情况越来越普遍，因而有必要对大学生心理危机进行有效干预，从而促进大学生心理素质的健康发展。

第一节　心理危机概述

一、危机

现代社会充满了危机，危机反应对人产生各种消极影响，所以我们不能轻视危机。那如何理解危机呢？

（一）危机的概念

在《辞海》中，危机的解释为三个含义。一是潜伏的祸机。《晋书·诸葛长民传》："富贵必履危机。"二是指生死成败的紧要关头。三是指经济危机。危机意味着平衡的稳定被破坏。简单地讲,危机是一种具有威胁性的情境或事件,是一种主观的反映,也是躯体的唤醒。包含四层意思具体如下。

其一,危机指外部压力,突发事件,是人类个体或群体无法利用现有资源和惯常应对机制加以处理的事件和遭遇,如地震、水灾、空难、疾病爆发、恐怖袭击战争等。危机存在于外部事件中,人只有在被施加外在压力时,才会产生危机反应。例如,学生产生危机是因为他有可能要参加一场重要的考试,或者说与父母、老师发生了矛盾,或者因为一篇重要论文的最后期限要到了。父母产生危机是因为要养家糊口的经济负担太重,或因为家庭出现了纠纷,婚姻出现了危机;教师产生危机是因为既要保证自己在专业领域内有所成就,又要把课堂教学法做得最好;医生、护士和律师产生危机是因为他们要应对病人或当事人无休止的要求等。这些危机是都是由外在压力引起的。

外部压力从性质上可以分为两类,其中一类是良性的,对于个体来讲,这种压力是一种挑战,起到激发动机的作用。例如公司经理让职员做一个公司发展计划,这对职员而言虽说有很大压力,但同时也是一种挑战,因为计划的完成能使他升职或加薪。另一类是不良的,又可以分为三类:一类是急性压力,如突发的自然灾害、事故、外伤、自尊心受挫等;第二类是生活事件压力,如退休、移民、经济状况恶化等;第三类是长期慢性的压力,如角色过多的紧张、工作超负荷及社会隔离等。

其二,危机是一种主观反映。这是人所处的紧急状态或情境,是一种改变或破坏平衡状态的现象,也可以视为系统的失衡状态。这一种理解是从心理学的角度而言,它强调个体对事件评估的重要性,认为危机就是人们的一种主观反映,如果不把某事件解释成危机性的,就不存在危机。例如,同样是乘坐拥挤的公交车去干一件令人厌烦的工作和挤在小汽车后座去度假时,虽然面对的都是拥挤现象,但产生了不同的主观体验:前者产生了烦闷等不愉快的感受;后者产生了期盼等愉快的体验。再如,当看一场恐怖电影时,有人受到电影的感染,以为自己身临其境,会感到紧张、害怕,甚至用手捂住眼睛;有些人则比较理智,考虑到电影中恐怖的场景是虚假,是演员扮演的,因而就不会感到害怕或恐惧。

当人主观感受到危机时,就会表现出精神紧张或内心冲突。无论是个体利用否认或回避的消极防御机制,还是采用积极方法与危机应对,都要消耗大量的时间和精力。研究表明,如果某种冲突长时间持续,会耗尽个体的精力,使个体产生心理疲劳,以至于影响个体的心理健康,还可能损害个体的生理机能,导致各种疾病的发生。

其三,危机是躯体唤醒。当外界压力或伤害侵入人体时,人体会产生血压升高、胸腺收缩、肾上腺扩张及胃肠溃疡等生理反应,并且不同刺激或伤害的生理反应有相同的症状。

危机的躯体唤醒分为三个阶段,具体如下。

(1)警戒反应阶段。当威胁或压力第一次出现时,在很短的一段时间内,人体会产生一种低于正常水平的抗拒,这种短时的抗拒会引起人体的胃肠失调、血压升高,接着人体会迅速采取各种防御措施并进行保护性的自我调节。如果防御性反应有效,抗拒就会消退,人体的生理活动也将恢复正常。这个过程所发生的反应就是警戒反应。大多数短期的危机都会在这个阶段解决,故而又称为急性危机反应。

(2)抗拒阶段。如果警戒反应不能排除上面威胁或压力而仍然使危机持续,那么人体就会动员全身的能量和资源去反抗它们。随着能量和资源的逐渐消耗,反抗的力量会逐渐减少,同时严重的身体症状,如溃疡等也会随之产生。这种动员全身能量和资源去反抗危机的过程就是抗拒。

(3)衰竭阶段。如果威胁或压力非常严重,人体无法消除它们,那么衰竭阶段就会出现。在这一阶段,神经内分泌系统的分泌能力减弱,免疫系统功能降低,人体容易感染各种疾病,严重者还可能会死亡。

其四,危机是一个过程。大学生的心理危机主要是在外界的压力或威胁超过了他们个人的处理能力时而产生的心理、生理反应过程,它包括危机源、危机评价和危机反应三个方面。

危机源是指个体产生危机反应的压力、威胁或伤害等外部事件。它从性质上分为两种,一种是良性危机源,它起到激发动机的作用。例如大学校园里的辩论比赛等有益的活动,对学生而言有压力,但同时也是一种挑战,只要学生重视,发挥其主观能动性,就能超常发挥,当其取得成功时就是一种积极的动力,当没有成功时对自我的发展也是一大飞跃。另一种是不良性的危机源,它包括三类:第一是急性危机,如突发的自然灾害、突患重病或事故等;第二是生活事件压力,如学习成绩下降、人际关系紧张、考试前没有复习好等;第三是长期性慢性的危机,如学习超负荷或家庭亲情关系没处理好等。

危机评价是指对外部的压力、威胁、伤害等进行评估。它是危机源与危机反应之间的中间环节，起调节的作用，其评价结果会影响危机反应的倾向。危机评价与两个因素有关：一个是个体本身的心理特征，由于具有不同的人格特征、自尊水平、归因和应对策略倾向，不同的人会对相同危机源产生不同的评价；另一个就是压力事件的物理特征、可预测性及个体对它的了解程度，如事件的强度，可预测到的伤害及个体关于事件的知识。

危机反应包括生理反应、情绪反应和行为反应三个方面。情绪反应指遇到压力时产生的焦虑、紧张、精神挣扎、恐惧等；生理反应指遇到压力时的胸部腺收缩、肾上腺扩张等；行为反应指的是对压力事件采取的应付行动，如逃避积极面对、自责等。

每个人都在不断努力保持一种内心的稳定状态，保持自身与环境的平衡和协调，重大的问题或变化发生使个体感到难以解决、难以把握时，平衡就会打破，正常的生活受到干扰，内心的紧张不断积蓄，继而出现无所适从甚至思维和行为的紊乱，进入一种失衡状态，这就是危机状态。

（二）危机的特征

危机的本质是由不一致矛盾、冲突而导致的一种紧张状态，它的特征主要体现在以下几个方面。

一是突发性（紧急性），时间紧迫，出乎人们的预期。个体在遭遇重大问题或变化后使之感到难以解决、难以把握，如果不能得到很快控制和及时缓解，危机就会导致人们在认知、情感和行为上出现无所适从甚至思维和行为的紊乱。

二是意外性、不确定性。一方面危机由组织内外环境因素造成，不能明确肯定环境的各种变化；另一方面危机发生的原因和危机行为的变化是多样化的，故而对危机的到来不确定。

三是无预警性。危机预告是通过评估预警信息，发出危机警报，防患于未然。但危机的无预警性就是根据以前掌握得很少的信息不了解威胁到底来自什么地方，以什么方式出现？它无法以例行程序处理，其结果可能导致最终情况的恶化或好转。

四是危害性。意外性为危机的起因性特征，紧急性、预警性是危机的实践性特征，危害性是危机的结果性特征。

二、心理危机

（一）心理危机的概念

心理危机是个体在同社会环境及自然关系不断取得协调和平衡的过程中，由于内外有害因素引起的自己意识到或意识不到的主观困惑状态或心理异常现象。它是心理咨询和心理治疗所要解决的问题。可以指心理状态的失调与严重失调，心理矛盾激烈冲突难以解决，也可以指精神面临崩溃或精神失常，还可以指发生心理障碍，是由一些心理冲突引起的一种内部心理状态或生理反应。

（二）心理危机的影响

心理危机包括个体或群体面临的损失、危险、羞辱、不可控性、日常生活的崩溃、不确定性和隐性的沟通等。一系列不相关的事件，长期的、难以理解的、人为的困难都可以使危机变得复杂。发生心理危机后的心理平衡状态可能恢复到原有水平，也可能高于或低于危机前的水平。也就是说，心理危机对人来说并不总是一件坏事，它实际上包含有危险和机遇两层含义。有人曾将危机形象地比喻为一柄"双刃剑"，既可伤人也可助人。

（三）心理危机的特点

突发性：危机常常是出人意料、突如其来的，具有不可控制性。

紧急性：危机的出现具有紧急的特征，它需要人们去紧急应对。

痛苦性：危机在事前事后给人带来的体验都是痛苦的，甚至可能涉及人尊严的丧失。

无助性：危机的降临，常常使人觉得无所适从，而且，危机使得人们未来的计划受到威胁和破坏。由于心理自助能力差、社会心理支持系统不完善，危机常常使个体感到无助。

危险性：危机之中隐含着危险，这种危险可能影响到人们的正常生活与交往，严重的还可能危及自己和他人的生命。

（四）心理危机发展的阶段

1.心理危机历程

尽管危机是在短时间内爆发的,但是危机的演变却有一个很长的过程。一般来说,危机在发展的过程中,将走过如下四个阶段。

（1）酝酿期:星星之火。此阶段各种不利的信息源正在形成,犹如星星之火,有各种征兆和苗头,一旦发现会很容易被扑灭,但遗憾的是,往往很容易被疏忽。

（2）爆发期:大火猛烈。在这一阶段,危机的信息开始传播,危机已经暴露,但是只要及时反应,采取果断正确的手段,还是可以控制住。

（3）扩散期:火势蔓延。此时火势顺风以燎原之势蔓延。由于媒介和公众的关注,危机成为社会舆论关注的"热点"和"焦点"。如果此时沟通有误,公众和媒体将会出现信息"真空",谣言四起,危机爆炸式扩散,呈现失控状态。

（4）消失期:大火熄灭。通过利用各种手段对事件进行处理,此时信息得到最大限度地披露,组织或个人逐渐走出了公众及媒介的视线。危机处理得当的,从此走上复兴之路,而危机处理不力的,从此无力回天,走上衰亡之路。

2.心理危机反应

当个体面对危机事件时会产生一系列身心反应,主要表现在生理上、情绪上、认知上和行为上,危机反应会维持 6 ~ 8 周。人们对危机事件的心理反应通常经历四个不同的阶段。

（1）茫然期:是强烈的情绪反应阶段,出现在发生在危机事件发生后不久或当时,个体会感到震惊、恐慌、不知所措。如果刺激过大,就会使人感到震惊眩晕、不知所措,也可称为"类休克状态"。

（2）防御期:这一阶段比较安定,可以逐渐接受现实,表现为想恢复心理上的平衡,控制焦虑和情绪紊乱,恢复受到损害的认知功能。然后采取措施努力用各种心理防御机制或争取亲人、朋友的支持。

（3）解决期:积极采取各种方法接受现实,寻求各种资源设法解决问题,也称寻求改变阶段,当事人会将自己的注意力转向产生压力的危机,并努力设法处理它。可能采取逃避行为而远离产生压力的原因,如依赖药物、酗酒等；或者提高自己的应付技能，改变策略和行为，直接面对危机、解决困扰，如求助。

（4）成长期：获得应对危机的技巧，但也有人消极应付而出现种种心理不健康的行为。

3. 心理危机结局

心理危机是一种正常的生活经历，并非疾病或病理过程。每个人在人生的不同阶段都会经历危机。由于处理危机的方法不同，后果也不同。一般有四种结局。

（1）顺利度过：学会了处理危机的策略，提高了心理健康水平。

（2）理创伤：过了危机但留下心理创伤，影响今后的社会适应。

（3）自伤自毁：由于经不住强烈的刺激所致。

（4）严重障碍：未能度过危机而出现严重的心理障碍。

对于大部分的人来说，危机反应无论在程度上或者是时间方面，都不会带来生活上永久或者是极端的影响。他们需要的只是有时间去恢复对现状和生活的信心，加上亲友间的体谅和支持，能逐步恢复。但是，如果心理危机过强，持续时间过长，会降低人体的免疫力，出现非常时期的非理性行为。对个人而言，轻则危害个人健康，增加患病的可能，重则出现攻击性和精神损害；对社会而言，会引发更大范围的社会秩序混乱，冲击和妨碍正常的社会生活。如听信传言，出现超市抢购，哄抬物价，犯罪增加等。其结果不仅增加了有效防御和控制灾害的困难，还在无形之中给自己和别人制造新的恐慌源。

第二节　大学生心理危机的评估

当代大学生面临的心理危机源于社会各层面的挑战与压力与日俱增，由此带来的社会心理问题日益凸显。由于大学与中学在教学目的、教学内容、教学方法和教学要求上都有明显的差别，大学新生在入学的第一周后，有的学生会感到不习惯集体生活，第二周新鲜感过去后，有的学生发现不能适应大学的自学方式。大学生能否尽快把握大学生活特点,进入新的角色,有所收获,便成了学校、家庭、社会关注的热点。

一、大学生心理危机类型

人的一生归纳起来要经历三个方面的危机。

第一类是自我成长心理危机,指在个人生命发展阶段可能出现的危机,是每个人不能避免的、必须经历的危机状态。例如对于升学考试、性的萌芽、思春期、就职、婚姻恋爱,怀孕与分娩、更年期等,如果应对的行为与机制不合理,就会导致心理紧张、心理压力或神经症的状态。

第二类是情境性危机,也指突发性偶然心理危机,这类危机是指人遭遇没有预想的突发事件时产生的偶然心理危机,包括亲人死亡、婚变或失恋,遭暴力伤害、事业失败或自然灾害。在这样严重、突发的危机事态前,如果没有适当的应对机制和对策,悲伤憎恨和失落感会打乱人的整个内心世界,于是人的心理也就会处于异常状态之中。

第三类是潜在危机,指潜意识中固有的某种心理问题的爆发。大学生心理危机是严重影响其成长成才、影响高校稳定和发展的因素。参考国内外的研究,我们认为大学生存在的心理危机主要是自我成长危机与潜在的危机。其中人际关系危机、情绪起伏危机、学业危机、恋爱与性的危机尤其值得重视。

二、大学生常见的心理危机

首都师范大学心理咨询专家蔺桂瑞教授在第二个"世界预防自杀日"以"拯救生命,重建希望"为主题进行演讲,提出大学生"十一大痛苦征兆预警心理危机"。

认为要帮助大学生走出心理危机,就要事先对他们进行心理辅导,教他们如何识别心理危机,如何向别人寻求帮助,只有知道出现了什么问题,他才能决定自己是否需要帮助。以下这些因素全部都是痛苦的征兆,因素存在的越多,持续时间越长,就越说明他需要帮助。

个人的丧失,如家庭成员或所爱的人死亡、与某人的关系破裂、考试失败或体育项目不合格、丢面子、遭受拒绝。

直接表露自己处于痛苦、抑郁、无望以及无价值的感觉当中,并且遇到了家庭问题或其他困难。

易激动,过分依赖,持续不断的悲伤或焦虑,常常流泪。

无缘无故地生气或与人敌对。

出现社交障碍,不愿与人交往。

酒精或非法药物的使用量增加。

注意力、学习成绩、出勤率、体育活动的表现都有负性的变化。

作文或其他发挥想象力的作业所透露出的主题总离不开无望、社交隔阂、愤怒、绝望、自杀或者死亡。

抑郁的躯体表现:睡眠或饮食比以前有所增减,体重有明显改变,过度疲劳,体质或个人卫生状况有所下降。

无论书面还是口头表达出的内容都像是临终或透露出自杀的倾向。

出现自伤或自毁行为。

三、大学生心理危机的特征

大学生的心理危机特征是共性和个性的统一,具体体现在以下几个方面。

(1)普遍性。没有人能够幸免危机,对于成长中的大学生也不例外。想稳定、冷静地处理任何危机不太容易,但是把握机会、设定目标、形成计划、处理问题,这些通过努力都是能够做到的。

(2)复杂性。危机是个体的生活环境、家庭教养、朋友交往等关系相互交织的综合反映,有一种使个体无法控制的感觉,因此,危机症状是复杂的。

(3)动力性。危机中常常包含着个体成长的种子和改变的动力。个体在成长和追求的同时,也意味着带动一个可能受挫的机制,个体如能及时调整,适应变化,则能形成动力,促进其心理健康,得到成长和改变。

(4)时代性。当代大学生的心理危机,反映了时代、社会对大学生的要求和期望,个人对理想的追求;表现为成为通才型的人才,身体健康、心理承受能力强、完成学业、胜任职业、继续深造、实现理想等压力下的冲突和矛盾,不是孤立的。

(5)两极性。是指危机是一把"双刃剑",危险与机遇并存。对于正处在危机中的大学生而言,危机意味着危险,又蕴藏着机会。危险在于它可能导致个体严重的病态,包括自杀和杀人;机会在于它带来的痛苦会迫使当事人寻求帮助,危机的解决会导致积极的和建设性的结果,如增强应付能力、改变消极的自我否定、减少功能失调的行为。大学生在寻求帮助的过程中,能够使个体获得成长和自我实现,最终走向成熟。

前美国总统肯尼迪在其幕僚和汉学家的指点之下,对中文的"危机"做了西方化的解释,颇具哲理,他说,汉语中的"危机"有两层意思组成:前一字表示"危险",后一字表示"机遇"。这一说法在危机研究领域非常盛行。故而认为危机既是危险也是机遇,机遇往往隐藏在这些危机之中。面对危机,成功者与失败者唯一的差别就在于,成功者具有强烈的危机意识,在心理及行为措施上有所准备,当危机降临时,能够化解突如其来的变化。失败者没有准备,单从心理上受到的冲击就会让他手足无措,更谈不上采取什么应变措施了。如果我们能把握好机遇就能化险为夷。

面对这些心理危机,如果大学生承受的压力超过了其对应能力,那么对他们来说这些压力就变成了危机。大多数危机可以在几周内顺利解决,但有一些危机却会逐步增强,最终导致人际关系问题和学习问题的产生。最严重的是,有些危机还会使学生产生自杀的想法。在这种情况下,学生通常需要得到朋友的支持以及咨询人员和心理医生的帮助来处理他们的心理危机。

第三节　大学生心理危机的干预对策

一、以正确的人生态度应对心理危机

(一)人生态度

1.人生态度及其规定性

人生态度,就是指人们在一定社会环境下,根据自我生活的体验,对人生及人生问题所形成的比较稳定的心理倾向。人生态度有以下几个规定性。

（1）人生态度是一种行为中反映出来的较为稳定的心理倾向。它包含两层意思。第一，人生态度是一种心理倾向，是在人的行为中反映出来的心理倾向性。人生态度不是行为，但它决定和影响着人生行为，人生行为又反映和体现了人生态度。一般说来，有什么样的人生态度，就会产生什么样的人生行为，有什么样的人生行为也就反映和体现出一个人有什么样的人生态度。人生态度不能直接看到，是从人们的言论、行动中间接反映出来的。第二，人生态度是人们行为中较持久、稳定的心理倾向，也就是说，它是一种在较长时间内、在多次活动中表现出来的普遍性、一致性、共同性心理倾向，不只是在某一次活动中反映出来的心理倾向，它具有相对的稳定性、持久性，一经形成便能持续较长时间而不轻易改变。

（2）人生态度是人们对人生及人生问题、人生矛盾所持的基本态度。人在一生中总会遇到许许多多的人生问题，如需要、信仰、追求、学习、工作、家庭、友谊、爱情等；也会遇到纷繁复杂的人生矛盾，如生死、苦乐、祸福、荣辱、善恶、美丑、真假、顺境逆境等。面对这些人生问题与矛盾，要求人们做出回答与抉择，在回答和选择这些人生问题与人生矛盾中，反映出来的基本心理倾向与行为倾向，就是人生态度。人生态度还与世界观紧密相关。一个人的人生态度往往影响到对整个世界的看法，形成不同的世界观，人生态度对世界观的形成具有重要作用。同时，世界观对人生态度又具有积极的指导作用，它影响和制约着人生态度的形成。

（3）人生态度是客观社会环境和主观生活体验共同作用下形成的。人总是生活在一定的社会环境中，人们的人生态度总是要受到社会环境的影响和制约，是社会环境的产物。在不同的社会环境下，人们会形成不同的人生态度。这些社会环境主要包括人们所处政治地位、经济条件、人际交往、社会文化、教育等。一般来说，良好的社会环境会产生积极的人生态度，不良的社会环境则产生消极的人生态度。人生态度的形成不仅受社会环境的制约，还要受个体生活体验的巨大影响。因为人生态度是在对客观环境和自我反映的基础上形成的一种稳定的心理倾向，是人的认识、情感、意向的统一。所以，生活体验是形成人生态度的内在决定因素。即便在相同的社会环境下，由于每个人的世界观、人生观、理想、信念、知识水平、生活阅历等差异，其生活体验也会不同，由此形成的人生态度也会各异。而且人的生活体验也是不断变化的，随着生活体验的改变,人的人生态度也会改变。在通常情况下,有什么样的生活体验,就会形成什么样的人生态度。

2. 人生态度的两种基本类型

大千世界,芸芸众生,人们的人生态度各不相同,千差万别。从内容上看,人生态度可区分为学习态度、生活态度、工作态度、婚姻态度、政治态度等;从行为倾向上看,人生态度可区分为积极型、适应型、消极型;从情感表现看,人生态度可区分为乐观型和悲观型;从社会效益来看,人生态度可区分为有益于社会进步型和无益于社会进步型。尽管人生态度的划分角度不尽相同,类型多种多样,但可以大致划分为以下两种基本类型。

(1)消极无为、无益于社会的人生态度

这是一种错误而且十分有害的人生态度,是剥削阶级世界观、人生观在人生态度上的反映。它的基本特征是否定人的积极能动作用,以个人为中心,仅仅关心个人的前途、愿望和境遇,常以悲观、消沉、享乐、玩世不恭的态度对待生活和人生,无益于人类社会的进步和发展。具体表现为:①消极无为、不思进取。②悲观厌世、意志消沉。③贪图享乐、追求实惠。④玩世不恭,不负责任。⑤否定一切、生活冷漠。⑥听天由命、任凭命运摆布。

消极无为、无益于社会的错误人生态度有两个致命的危害:一是腐蚀人们的思想和心灵,使人意志消沉,悲观绝望,没有进取和奋斗精神,妨碍远大目标和理想的追求;二是使人陷入狭隘的自私自利中,把个人和他人、社会对立起来,为达目的往往不择手段,损害了他人和社会的利益,把人引向罪恶的深渊。

(2)积极有为、有益于社会的人生态度

这是一种正确的、进取的人生态度。它的基本特征是肯定人的主观能动性,把个人利益的发展和社会利益的发展有机结合起来,并凭着高度社会责任感参与社会生活,乐观向上,积极有为,有利于社会进步,推动了社会发展。具体表现为:①热爱生活,珍惜人生,总是用美好心境去感受生活和人生,对未来始终充满希望和憧憬,面对困境也能乐观向上,从不悲观绝望。②充分发挥人的主观能动作用,积极进取,努力拼搏,执着追求远大目标和理想,信念坚定,意志顽强。③有强烈的社会责任感和使命感,对自己、对他人、对社会高度负责,能把个人利益和他人、社会利益有机结合起来,为社会的进步和发展做出有益贡献。④能勇敢地面对困难、挫折和逆境,能客观、理智地正视它、对待它,不逃避,不悲观,不消沉,不绝望,而是勇敢地去战胜它、克服它。

积极有为、有益于社会的人生态度能使人充满信心和希望,乐观地面对困难、挫折和逆境,勇敢地迎接命运的挑战,执着、顽强地追求自己的远大目标和理想,为人类社会的进步和发展做出贡献。

作为面向新世纪的当代大学生,要度过自己有意义的人生,创造自己的人生价值,就必须自觉抵制和摒弃消极无为、无益于社会的错误的人生态度,培养和树立起积极有为、为社会做出有益贡献的正确的人生态度。

(二)应对心理危机的正确人生态度

心理危机对每人的人生都具有或多或少、或大或小的可能性,任何人都是避免不了的。因此,正确应对心理危机,对一个人的成长成才和事业的成功具有非常重要的意义。

心理危机也和其他事物一样,对人来说未必都是坏事,它具有两面性。一方面,心理危机给人生带来了痛苦、焦虑和打击,是人成长成才成功的不利条件。另一方面,心理危机是学校和老师,它可以磨炼人的意志,使人更加坚强、成熟;它还可以激人发奋,加倍努力,从挫折、逆境中奋起;它还可以给人以教训,使犯错误者猛醒,重新回到正道上来。俗话说:"失败乃成功之母""自古雄才多磨难""吃一堑,长一智"。所以,心理危机虽然给人们造成了不利的环境条件,但只要正确对待,因势利导,是可以利用和改变的,使逆境变顺境。以下为应对心理危机的正确人生态度的几点建议。

(1)要勇于正视心理危机,不逃避。这是排除心理危机、走出逆境的心理和思想前提。对一个人来说,心理危机是不可避免的,不能选择的,当遭遇心理危机、身处逆境时,既不能怨天尤人,消沉颓丧,悲观绝望,也不能消极逃避,自欺欺人,而是以乐观向上的态度勇敢地面对它,正视它,并积极地创造条件,寻找转机去战胜它,克服它。

(2)要冷静地、客观地分析产生心理危机的原因。这是排除心理危机、走出逆境的基础。心理危机是怎样产生的,是由什么原因或主要是由什么原因引起的,是目标追求过高或者目标定位不准,是自身刻苦拼搏、执着努力不够,是客观条件不具备或自然界、社会生活中的偶然事件,或者几个方面都存在? 对心理危机产生的原因要进行冷静、客观、全面的分析。

（3）要积极地寻求恰当的方式方法战胜自我。这是排除心理危机、走出逆境的关键。心理危机是人的目的和动机得不到满足时的紧张情绪体验,它的形成在一定程度上还与人的个性有关。一般说来,自私、贪婪、嫉妒、自卑、自傲、孤独、内向的人,容易产生心理危机,挫折感强烈;相反,热心、豁达、利他、自信、谦虚、外向的人,产生心理危机的可能性要小得多,心理危机感不强烈。因为有良好个性的人,心胸开阔,不斤斤计较于个人的名利、荣誉、权势与得失,志向远大,理想崇高,不会为一时的困难、心理危机所吓倒,就是身处逆境也满怀希望和信心,勇敢地与命运拼搏,所以,对他们来说,轻微的挫折不算挫折,逆境也不过是一种轻微的挫折而已。相反,个性不良的人,心胸狭隘,斤斤计较于个人得失,稍不顺心,就感受到强烈的挫折。所以,要排除挫折,走出逆境,还必须树立远大志向和崇高理想,超越自我中心主义,克服自私、自卑、自欺、自弃等不良的个性心理倾向,培养优良的个性品质。

（4）培养健康、科学的人生态度。这是排除心理危机、走出逆境的根本。所谓健康、科学的人生态度,就是指乐观向上、积极有为、有益于社会进步的人生态度。具体说来,要做到以下三点。

①要热爱生活。热爱生活表明人对自己、对他人、对社会及其生活的一种积极乐观倾向,这种倾向内在地奠定了人们正视产生任何挫折可能性的心理承受基础。当一个人热爱生活时,就会珍惜生活,用乐观的心境体验生活,他们感受到的是山川的秀美,人间的温暖,生活的美好,人生的幸福。尽管也看到社会生活中的阴暗面,但能用积极的心态去看待它,或者看到这是任何社会都避免不了的,或者看到随着社会的发展它终将被消除。有充分的信心去战胜困难与心理危机,他们在困难和心理危机面前不逃避、不悲观、不消沉、不气馁、不绝望,而是充满信心和希望,勇敢地去战胜心理危机和困难。在古今中外的历史上,像这种热爱生活不屈从于心理危机和逆境,勇敢地战胜心理危机和逆境,为人类做出伟大贡献的例子举不胜举,贝多芬、奥斯特洛夫斯基、张海迪就是这方面的典范。

②要锻炼意志力。锻炼意志力是现代青年个性社会化的重点,是培养健康、积极的人生态度的心理素质要求。意志力包括恒心、毅力和自制力,表现为行为的坚持性、忍耐性、顽强性和心理危机承受力,也就是

说，一个意志坚强的人为了追求目标、理想和信念，会坚定执着，锲而不舍，即使面对困难和心理危机，也会百折不回，不达目的誓不罢休。

③做任何事情都要有最坏的心理准备，朝最好的方向努力。这是前人人生经验的总结，更是生活辩证法的要求。因为任何目标追求都内含着目标无法实现的可能性。所以，我们在做任何事或进行任何目标追求，都不要把它绝对化，应该有目标不能实现的心理准备。当目标真的没能实现时，由于有了事先的心理准备，就能理智地接受和面对，否则，当面对目标没有实现的可能，由于事先没有心理准备，就会措手不及，惊慌失措，深感失望与失落，产生较大的心理挫折。

二、积极展开心理调适

大学生心理调适是指大学生利用自身所具有的心理调适机制摆脱痛苦，减轻不安，恢复情绪稳定，战胜心理危机，最终达到心理平衡，达到自我三个世界完整统一的适应性倾向。它可以分为两种：心理调节机制和心理防御机制。

（一）心理调节机制

1. 心理调节机制的含义与特点

心理调节机制是指自我对遇到的心理危机，采取理性的方法，分析研究心理危机的原因，战胜心理危机，以实现自我统一，实现目标取向的心理适应过程。

心理调节机制具有以下特点：（1）任何一个与自我目标取向相抵的刺激，都一定唤起自我的调节机制；（2）心理调节机制是个体自我有意识、有目的、有理性地对引起心理危机的刺激采取的积极措施；（3）心理调节机制是自我正视心理危机事实，力图改变心理危机性质、强度、时间长短的主动出击；（4）心理调节机制的目标，是使心理危机引起的焦虑、心理不平衡、自我不统一的现象得到解决；（5）心理调节机制的最高目标是化挫折为动力，愈挫愈奋，为目标取向的顺利完成注入新的活力；（6）心理调节机制是人在心理、情绪、精神正常的情况下运用的。

2. 心理调节机制的种类

（1）策略调节

策略调节是指自我面对心理危机，变换自我应对方式，以减轻、排除心理危机对目标取向阻碍，实现三个世界的统一。策略调节可以从以下几个方面进行。

①升华。升华就是把不为自己理智所接受，不为社会规范所允许的行为或欲望变换方式表现出来。升华是一种积极的调节机制，有利于社会、他人和本人的价值，如甲大学生嫉妒乙大学生的学习成绩，理智告诉他不能将这种挫折心理表现出来，于是甲采取发奋努力的方法，最终学习成绩超过了乙。这一方面克服了自我原有挫折，另一方面也获得了积极有利的价值。不少文学名著的诞生，与作者遭遇挫折有关，是作者个人情感升华的产物，如歌德失恋后写下名著《少年维特的烦恼》等。

②幽默。希腊大哲学家苏格拉底可说是运用这一机制的一个典范，他一生用智慧幽默化解了很多目标取向受阻的情况，甚至到死也以笑来面对。

③理解。理解调节机制是指个体自我对引发心理危机的挫折源，予以充分理解，对自我能力、态度予以宽容，以实现自己心理平衡的一种方式。这种机制能有效地调解自己与他人的矛盾、自我矛盾，就是对这种机制作用的充分肯定。

④成就意识。成就意识是指个体自我对取得较好成就，达到既定目标而积极努力的认识。它之所以是人们的心理调节机制，首先在于成就意识以个体的积极努力为重要标志，这种意识个体把心理危机归因于不努力，从而使个体以更努力的态势对待心理危机。其次在于成就意识的目标是既定的，即个体具备了实现目标的主客体条件，使个体有一种不达目的不罢休的劲头，它可使个体"废寝忘食"。可以使个体"舍车马，保将帅"，对小的心理危机予以忽视，如某大学生期中考试没有及格，他不以此心理危机为大山，而是积极努力，最终取得圆满成绩就是运用这种机制的一个范例。

（2）结构调节

结构调节是指大学生自主调节自己的三个世界的内涵和层次，以使心理危机引起的三个世界不统一的状态得以整合。它主要包括以下几种方式。

①增加"真实我"内涵。"真实我"是大学生结构中的核心，是最能体现一个人风格，影响一个人水平的东西站，也是大学生调节心理状况、达到最佳状态的基础性东西，更是一个人心理危机忍耐水平的最主要影响部分。"真实我"包含有影响大学生心理危机的最主要因素：生理因素、心理因素，增加"真实我"的内涵，就是提高这两个因素对心理危机的抗负水平。

生理因素：提高生理因素对心理危机的抗负水平就是要提高自己的身体素质，身体强壮的人往往比体弱多病的人更能容忍心理危机；促进自己对自我特质的适应。

心理因素：改变"现实我"方式。"现实我"是"真实我"的外在表现，是面具。它有以下两方面的作用：其一，它是区别他人，保护"真实我"不受伤害，维护自我的自尊的一种形式。其二，在人生的旅途中，它起着积聚自我人格力量，从而使"现实我"走向理想我的作用。

②自主调节自己的心理平衡，首先要做到承认自己有面具，接受自己外在的表现方式。作为生物界的人员，人和其他动物都有保护自己的手段，生物大多都将自己伪装成周围的样子和色彩，让人真假难分，有时还能装死，从而死里逃生。"现实我"，从广义上讲就是人的生存方式，正是我们的"现实我"，始终按照社会、团体和种族的要求、规范装点自己，才使我们得以与各类人相处，包括与"真实我"不喜欢的人和睦相处，也正是因为"现实我"与"真实我"拉开了距离，使我们能同时在两个不同层面上，两种不同的世界中生活，才得以使我们顺利完成目标取向，实现自我统一。但如果"现实我"过多地为了"真实我"的自尊、目标而欺骗自己的本色时，应学会容忍，即接受"现实我"，能否正确表现"现实我"的功能。接受"现实我"的表现方式，是自我心理调节水平的一个重要标志，我们很多的大学生往往在夜深人静时为自己白天的表现而伤心，产生挫折感，就是没能把握住这一点的表现。其次要使自己的"现实我"充分利用与人交往，与社会交往的机会，增强自己的人格力量，自我的人格力量大小，是自我克服挫折，实现"目标取向"，完成自我统一的重要标志。人格力量产生于"现实我"的社会实践、预社会化、社会化等过程的外在锻炼、学习。它包括意志力量、智慧力量、道德力量、审美力量。

意志力量是自我的坚持性、独立性、果断性力量和自持力量。它是自我意志对自我行为有目的调节的结果。它驱使个体去实现自己的目标取向。意志力量是个体其他人格力量获得的前提，"志不强者智不达"（《墨子·修身》）讲得就是这个意思。

道德力量是一种由于对自己所在社会关系中应履行的义务、责任的感知而产生的行为内驱力，它来源于社会教化和个体的良知。

智慧力量是人类行为的主要机制力量。它主要包括人的体力、知识力、认识力、实践力、创造力等。它来源于后天的学习和实践。它对人正确认识挫折、克服挫折具有重要的意义。

审美力量是外在事物作用于人的心理，由于人的心理能力感知、想象、理解等心理力量的作用而产生的与外物同形同构或异形异构的内驱力。它给人以自我实现感、超越感、自由感的满足，调节理想我层次。自我同样可以利用调节理想我层次的方式克服挫折。理想我是自我的目标体系，它给人以前进的引力，促进个人的人格力量同向而达到合力最大的状态，但理想我过低或过高，都会使其合力受阻。过低了，形不成合力，没有目标，实际上是自我的一种最大挫折，因为此时他不知自己的力往什么地方使，使自我目标取向变得很发散而徘徊不前，使其实现成为不可能。理想我过高了，超过了"现实我"人格力量合力所及的范围，使"现实我"走向理想我成为不可能，会对自尊造成打击，从而形成挫折。大学生个体必须从自己的实际出发，建立一个力所能及的理想我世界。

（二）心理防御机制

1. 心理防御机制的含义与特点

心理防御机制是人们本能所具有的一种回避、曲解挫折以达到摆脱痛苦，减轻不安，恢复情绪稳定，达到心理平衡的适应性倾向。

心理防御机制具有以下特点：（1）它一般在心理调节机制克服挫折失败的情况下，自发地发挥作用；（2）这种机制以间接满足自己目标取向的方式保护自我遇到挫折时可能遇到的伤害；（3）这种机制并不改变挫折本身，只是以回避、曲解现实、自我欺骗等方式改变自我对挫折的理解与思考；（4）大多数防御机制只能暂时地减轻痛苦和焦虑，并未使挫折真正解决，有时反而使挫折情景、挫折源复杂而陷入更大挫折；（5）防御机制主要是无意的、非理性地对付挫折的方式。

2.心理防御机制的种类

大学生常见的心理防御机制有以下几种。

（1）压抑

弗洛伊德认为被压抑的东西可以通过梦的解析、自由联想、催眠以及口误或记忆错误的分析揭示出来。

（2）文饰

文饰又称"合理化"，是指自我总是用逻辑证明的方式来为那些若不用某种方式解释就会引起焦虑的结果寻找理由。"酸葡萄"的文饰作用就是一种最普遍的文饰作用，公元前500年前的伊索就谈到，有只狐狸看见葡萄架上一串串垂挂的葡萄，口水直流，它竭尽全力想摘取，却一无所获。最后，它转身走时说道，不管怎样，葡萄很可能是酸的，其贬低个人渴望得到但又不能获得的东西是文饰作用的一种普遍形式，同样，有些本来并无明显吸引力的东西但在获得之后又给它美化颂扬，这就是所谓的"甜柠檬"文饰作用。在大学生中利用文饰作用回避挫折的例子是很多的，如"我迟到是因为早上的广播没响"，"我考不及格是因为我想尝一尝补考的滋味"等。

（3）投射

投射是一种个人用以对自己某些真实的存在一旦承认它就会引起焦虑的事情，进行压抑以及把它们转嫁他人的机制。即把责任推给别人，或仿同别人，认为别人也是如此；在大学生中运用这种机制保护自尊的还是很普遍的。

（4）反向

在一般情况下，人的行为方向和他的动机方向是一致的，一个人对自己"真实我"所憎、所爱的事物，在"现实我"的行为上也会很自然表现出来。但是当"真实我"的欲望、行动不为自己、他人和社会规范所容忍、许可时，其常被压抑到潜意识中去，人们由于害怕它会突然表现出来，不得不严格把关，于是在"现实我"上表现出截然相反的态度或行为。"此地无银三百两"即是反向作用，如特别自吹自擂的人一般内心都很自卑。

三、积极开展心理干预

挫折干预是指外界作用于个体,以使个体适应挫折,克服挫折,减少挫折负面影响的过程。

(一)大学生挫折影响的双重性

1. 挫折的正面影响

(1)提高挫折调节力和挫折容忍力

挫折调节力是指个体对挫折进行直接的调整、转变、改善的能力;挫折容忍力是指个体对挫折的忍耐力。二者都是挫折的适应能力,二者都受个体生活阅历的影响,挫折就是一个重要的生活阅历,经历挫折越多的人,挫折适应能力一般也就越强。

(2)促进个体进步

挫折可给人以教益和磨炼,使人变得聪明、坚强、成熟,如果说"失败是成功之母"的话,我们当然也可以说"挫折是进步之母"。

2. 挫折的负面影响

挫折除引起消极反应如攻击、固执、逆反、冷漠、焦虑等心理行为外,有时还会诱发极端的危机心理。如心理不健康、自杀、他杀等行为,这在大学生中也是存在的。

(二)大学生心理危机的干预

1. 加强对大学生的社会化塑造

大学生社会化是指社会对大学生进行的有关参与社会生活的基本知识、技能、本领和行为规范等一切影响和一系列有组织的教育活动过程。它是施化者与受化者之间的互动过程。施化者包括学校、社会、家长、舆论体系等。为使大学生提高对挫折的适应能力,应加强对大学生以下几方面的社会化塑造。

(1)传递社会价值观

"现实我"与"真实我"相统一的前提是个体能涵化接受社会整体价

值观。即个体的自我价值观与社会价值观基本同向,这样"现实我"就不必过多地去掩饰、去伪装,与"真实我"的距离就不会太大,二者的冲突也就较小,自我的挫折感也越小,同向自我的价值观也是影响个体挫折适应能力大小的重要因素。

（2）传递角色规范

"现实我"的世界实际上也就是自我的角色世界,一个人一生要扮演很多角色,其身上也同时具有很多角色,每一角色表现就是一个"现实我",作为某一特定角色,它必须满足三个方面的期望:①满足来自特定角色规范的期望;②满足来自同群体其他人的期望;③满足来自占据一定地位的个人、集体或某一象征的期望,当个体扮演的角色满足了这三方面的要求,其角色表演就会受到保护。当他遇到挫折时,就会受到以上三方面的支持,个体也会因之减少挫折的负面影响。

（3）提高挫折适应能力

挫折适应能力受很多因素影响,除了个体自身努力外,社会化的施化者也应予以具体指导,以提高其挫折适应能力。

（4）完善自我结构

大的自我结构具有明显的特征,要通过社会化,使大学生正确认识自己的三个世界,完善自己的三个世界。

2. 引导学生认识挫折,学会利用正确的挫折归因模式

要引导学生正确认识挫折的二重性影响,找出挫折产生的因素,如大学生人为地夸大某一方面的原因就很容易使其走向极端,而无助于克服挫折。如有的大学生把学习上的挫折归因于教师教得不好或归因于自己的能力等,就无助于战胜挫折。

3. 允许学生发泄不满,开展心理咨询

精神分析理论认为,个体遭受挫折就会产生紧张、焦虑的情绪,这种情绪必须发泄出来,才能保持心理平衡。否则,随着挫折的增多,消极情绪的积累,就会诱发个体心理不健康,甚至精神失常。

心理咨询就是通过咨询员对受挫者的个别谈话、出主意、提希望,把受挫者的消极心理反应消灭在萌芽状态。大学生正处在寻找自我同一性的时期,这一时期是挫折多发期,而大学生又缺乏挫折的处理经验。开展心理咨询工作,就能较确切地找到大学生的挫折原因,告知学生如

何摆脱挫折,就能减少悲剧的发生,从而使大学生能以积极的态势适应环境。

四、掌握应对心理危机的技巧

大学生面临压力时,会产生一系列的生理、心理及行为反应。压力引起的生理方面的反应:适度压力调动神经系统等,使身体做好应对危险的准备;而压力过大会影响神经系统、内分泌系统、免疫系统等。压力引发的心理反应:适度压力引起的心理反应有警觉、注意力集中、思维敏捷、精神振奋,这是适度的心理反应,有助于个体应付环境;而过度压力会导致焦虑、抑郁与愤怒,导致注意力分散、记忆力下降、意识域狭窄等。压力引发的行为反应:适度压力会促使寻求他人支持、学习压力应对技巧等正向的行为反应;压力过大可能会导致拖延或逃避工作、效率低下、过度饮食、失眠、攻击行为等反应。压力对大学生的身心健康具有重要影响,这种影响是双重的,不仅有积极的影响,还有消极的影响。当压力引起的身心反应过于强烈或持久时,很可能导致大学生的身心失调。而压力总是存在于我们的日常生活中,因此大学生应学会管理和应对自身压力。

(一)认知策略——转换视角

(1)调整个人期待和抱负水平。大学生的心理压力也常常来自过分的竞争意识和抱负水平。将个人的竞争意识、抱负和期望值调整到中等偏上的水平有利于控制心理压力。向优秀同学看齐,但是不强求达到同样的标准。因此大学生应该学会调整自身的期待水平,确立符合自身实际情况的目标,并去行动。

(2)转变不合理信念。为什么有时候大学生会出现错误的观念呢?那是因为不合理的、非理性信念的原因,美国著名心理学家艾利斯提出了不合理信念的ＡＢＣ理论,其主要观点是强调情绪或不良行为并非外部诱发事件引起,也是个体对这些事件的评价和解释造成的,即个体的不合理信念引发的。不合理信念及不合理信念引发的不良情绪、压力事件,常常会发生在部分大学生的生活中。例如,不合理信念:我上学期有两门课程不及格,我感觉我的人生完了,好像没什么意义了(转变为合理信念:两门课程不及格让我感觉很糟糕,好在我还有爱我的家人和朋友,也还有补考的机会);我觉得我的室友应该关心我,理解我的感受(合理信念:我希望我的室友能关心我,理解我);我的男朋友竟然抛弃了我,所有的男生都不是好东西,我再也不会相信男生了(失恋这件事让我很受伤,对男朋友很失望,但我相信总会遇到对的人的)。

（二）生理策略——放松身心

由于压力会引发大学生的一系列心理和生理反应。常见的心理反应有紧张、焦虑、愤怒、急躁、生气、情绪低落、压抑、退缩、注意力分散、自卑、受挫感等;常见的生理反应有免疫功能下降、新陈代谢紊乱、血压升高、心跳加快、消化系统功能异常、肠胃失调、腰酸、背疼、头痛、疲劳、眼睛酸胀、肌肉紧张、睡眠状况不好、口腔溃疡等。当上述反应与压力源产生交互作用时,压力的感觉就会增强。为了提升个体的压力应对能力,大学生应尝试让自己的身心放松。大学生可以采取丰富自己的课余生活、体育锻炼、合理饮食、腹式呼吸、渐进式肌肉放松训练等生理调节策略。

（三）人际策略——寻求帮助

沟通是构建良好人际关系的重要方式,是人和人之间传递情感、态度、信息的过程,沟通也有利于缓解大学生的压力;大学生应该加强与周围人的沟通与交流,积极参与人际交往活动,以真诚、友善、宽容的态度与人交往,不断提高自己的人际交往能力,构建自己的社会支持系统。当大学生面临压力时,可以向周围的社会支持系统寻求帮助,如向导师、长辈寻求人生智慧;向朋友、同学寻求感情支持;向家人寻求精神归属;向专业人员寻求帮助。

参考文献

[1][美]菲利普·津巴多,罗伯特·约翰逊,安·韦伯.普通心理学[M].王佳艺,译.北京:中国人民大学出版社,2008.

[2]《大学生心理健康》编写组.大学生心理健康[M].北京:中国标准出版社,2014.

[3]白玛卓嘎.大学生心理健康[M].南京:南京大学出版社,2015.

[4]蔡红建.大学生就业指导工作研究[M].北京:北京交通大学出版社,2015.

[5]蔡朔冰,魏丽丽.大学生心理健康教育[M].北京:电子科技大学出版社,2013.

[6]陈斌等.积极心理视角下的大学生终端心理危机预防[M].南昌:江西人民出版社,2013.

[7]陈冲.大学生心理健康教育与心理素质训练[M].济南:山东大学出版社,2015.

[8]陈楚瑞,耿永红.大学生心理发展与健康教育[M].大连:东北财经大学出版社,2011.

[9]陈春花等.组织行为学[M].北京:机械工业出版社,2016.

[10]陈德富,王振武.当代大学生心理健康[M].北京:冶金工业出版社,2009.

[11]陈昉,王明娟.新编大学生心理健康教育[M].北京:北京邮电大学出版社,2012.

[12]陈光磊,黄济民.青少年网络心理[M].北京:中国传媒大学出版社,2008.

[13]陈红英.新编大学生心理健康教程[M].武汉:武汉大学出版社,2014.

[14] 陈金宝,刘强,娄岩.计算机应用基础(第3版)[M].上海:上海科学技术出版社,2016.

[15] 陈明忠.大学生心理健康教育概论[M].北京:中国环境科学出版社,1997.

[16] 陈庆良,丁昭福,刘明颢.大学生心理学[M].贵阳:贵州教育出版社,1995.

[17] 陈少华.情绪心理学[M].广州:暨南大学出版社,2008.

[18] 陈淑萍,张宏.大学生心理素质教育教程[M].济南:山东人民出版社,2015.

[19] 陈文宝,王富君.大学生心理与辅导[M].北京:中国商业出版社,1994.

[20] 陈胤,郭寒宇,陶美成.大学生职业生涯规划[M].武汉:武汉大学出版社,2009.

[21] 陈月苹等.大学生心理健康教育与发展[M].北京:北京师范大学出版社,2017.

[22] 程玮,陈艳.大学生心理健康与发展[M].北京:中国轻工业出版社,2018.

[23] 单津辉,周燕琴.大学生心理健康教育[M].北京:北京理工大学出版社,2014.

[24] 邓泽民.职业教育教学设计(第四版)[M].北京:中国铁道出版社,2016.

[25] 杜敏.大学生积极心理培养[M].济南:山东人民出版社,2014.

[26] 段传彬.当代社会主义核心价值观培育和践行的多维研究[M].北京:中国水利水电出版社,2016.

[27] 段鑫星,赵玲.大学生心理健康教育(第2版)[M].北京:科学出版社,2008.

[28] 樊富珉,王建中.当代大学生心理健康教程(第2版)[M].武汉:武汉大学出版社,2014.

[29] 樊富珉.大学生心理健康与发展[M].北京:清华大学出版社,1997.

[30] 高菲.情绪会伤人:消极心态修复手册[M].北京:中国华侨出版社,2015.

[31] 格桑泽仁.大学生心理健康教育理论与实践[M].成都:四川大

学出版社,2009.

[32] 耿步健.大学生心理学 [M].南京:东南大学出版社,2005.

[33] 耿俊生,张存库.大学生心理健康 [M].西安:陕西人民出版社,2001.

[34] 桂世权.大学生人际交往指导 [M].成都:西南交通大学出版社,2007.

[35] 郭朝辉,谢大欣,邓猛.大学生心理健康教育 [M].北京:科学出版社,2014.

[36] 郭亨杰.大学生适应心理指导 [M].北京:高等教育出版社,1992.

[37] 郭亚嫘.成长,总会有一点痛:当代大学生心理问题探究 [M].北京:北京时代华文书局,2014.

[38] 郭娅.大学生人际交往 [M].成都:巴蜀书社,2001.

[39] 韩晓黎.大学生就业心理调适与就业指导 [M].成都:西南交通大学出版社,2014.

[40] 韩延明.大学生心理健康教育 [M].上海:华东师范大学出版社,2007.

[41] 胡剑虹.大学生心理适应与发展 [M].苏州:苏州大学出版社,2009.

[42] 胡凌云,姜宪明.大学生心理健康导论 [M].南京:东南大学出版社,1993.

[43] 黄希庭.大学生心理健康教育 [M].上海:上海:华东师范大学出版社,2004.

[44] 黄雄志,刘敏.新编大学生心理健康 [M].北京:中国轻工业出版社,2017.

[45] 霍美辰,汝晓红.青少年网络心理健康指南 [M].北京:中国社会出版社,2008.

[46] 简鸿飞.大学生心理健康 [M].北京:北京理工大学出版社,2010.

[47] 李汉华.大学生心理健康教育 [M].北京:北京理工大学出版社,2011.

[48] 李云驰.大学生心理健康管理 [M].北京:中国社会出版社,2013.

[49] 李正军 . 高校网络心理健康教育导论 [M]. 南昌：江西高校出版社，2009.

[50] 李志，陶宇平 . 大学生心理及其调适 [M]. 重庆：重庆大学出版社，1998.

[51] 李中国，李树军 . 大学生心理健康教育与心理调适 [M]. 北京：北京师范大学出版社，2016.

[52] 连榕 . 现代学习心理辅导 [M]. 福州：福建教育出版社，2001.

[53] 梁利苹，徐颖，刘洪均 . 大学生心理健康教育 [M]. 北京：清华大学出版社，2017.

[54] 林奇清 . 大学生职业生涯规划与管理 [M]. 北京：科学出版社，2017.

[55] 刘华利 . 大学生职业生涯规划 [M]. 哈尔滨：东北林业大学出版社，2008.

[56] 刘立东，王春荣 . 大学生心理健康导引 [M]. 大连：大连理工大学出版社，1994

[57] 刘晓明，阳平 . 大学生心理健康教育——体验·认知·训练 [M]. 北京：科学出版社，2009.

[58] 卢家楣 . 学习心理与教学理论和实践 [M]. 上海：上海教育出版社，2009.

[59] 马剑侠等 . 大学生心理健康教育 [M]. 开封：河南大学出版社，1999.

[60] 孟荣花 . 大学生心理学 [M]. 郑州：河南人民出版社，1994.

[61] 孟万金 . 积极心理健康教育 [M]. 北京：中国轻工业出版社，2008.

[62] 莫雷，颜农秋 . 大学生心理教育 [M]. 广州：暨南大学出版社，1996.

[63] 欧晓霞，罗杨 . 大学生心理健康（第 2 版）[M]. 北京：清华大学出版社，2017.

[64] 曲长海 . 大学生心理健康教育理论与实践 [M]. 北京：化学工业出版社，2016.

[65] 冉苒 . 大学生的自我意识 [M]. 北京：中国档案出版社，2001.

[66] 邵政 . 大学生心理健康教育 [M]. 南京：南京大学出版社，2015.

[67] 沈德立.基于脑科学的教与学效能研究 [M].北京：教育科学出版社,2013.

[68] 宋宝萍.大学生心理健康教育 [M].西安：西安电子科技大学出版社,2007.

[69] 宋焕斌.大学生心理健康与训练 [M].北京：中国石化出版社,2012.

[70] 孙非.大学生心理导论 [M].北京：中国经济出版社,1992.

[71] 谭芳.大学生心理健康教程 [M].北京：化学工业出版社,2014.

[72] 谭谦章等.新编大学生心理健康教程(第 2 版)[M].北京：化学工业出版社,2011.

[73] 唐柏林.大学生心理健康教育 [M].成都：四川教育出版社,2006.

[74] 唐慧敏.大学生心理健康教育 [M].北京：高等教育出版社,2017.

[75] 陶国富,王祥兴.大学生恋爱心理 [M].上海：华东理工大学出版社,2002.

[76] 陶国富,王祥兴.大学生网络心理 [M].上海：立信会计出版社,2004.

[77] 汪丽华,何仁富.大学生心理健康与生命教育 [M].北京：北京师范大学出版社,2014.

[78] 王革,刘伟.大学生职业生涯规划 [M].咸阳：西北农林科技大学出版社,2008.

[79] 韦彦凌等.大学生心理健康与咨询 [M].北京：中国经济出版社,1995.

[80] 武传伟,张洁婷,朱小红.大学生心理健康教育与发展：为成长护航 [M].北京：清华大学出版社,2018.

[81] 武光路,李剑锋.大学生心理危机的预防与干预 [M].北京：国防工业出版社,2016.

[82] 肖海雁.当代大学生心理危机透析 [M].北京：群言出版社,2005.

[83] 肖旭.青年社会适应心理研究 [M].成都：成都科技大学出版社,1998.

[84] 谢金凤, 刘秋菊. 大学生心理健康教育 [M]. 北京：高等教育出版社, 2018.

[85] 辛勇, 陈幼平, 杨慧琴, 翟瑞. 大学生心理健康教育 [M]. 北京：科学出版社, 2017.

[86] 邢红梅, 胡建秀. 情绪与健康 [M]. 北京：中国社会出版社, 2008.

[87] 徐斌. 大学生心身健康 [M]. 济南：山东大学出版社, 1992.

[88] 徐利新, 王继元. 大学生心理健康教育与指导 [M]. 苏州：苏州大学出版社, 2015.

[89] 许玫. 大学生职业生涯规划 [M]. 北京：中国青年出版社, 2009.

[90] 许佩斯, 叶瑞祥. 大学生学习心理问题研究 [M]. 广州：中山大学出版社, 2008.

[91] 杨莉萍. 高职生积极心理健康教育理论与实践 [M]. 北京：科学出版社, 2016.

[92] 杨树春, 鞠恩功, 王铁等. 当代大学生心理健康导引 [M]. 沈阳：辽宁人民出版社, 1996.

[93] 杨素华, 孙新红. 大学生积极心理培养 [M]. 济南：山东人民出版社, 2014.

[94] 姚本先. 大学生心理健康教育（第 2 版）[M]. 合肥：安徽大学出版社, 2015.

[95] 叶政. 大学生职业规划与就业指导教程（第 2 版）[M]. 北京：科学出版社, 2017.

[96] 郁景祖. 大学生心理与调适 [M]. 上海：复旦大学出版社, 1995.

[97] 张俊. 大学生情绪智力与心理健康 [M]. 太原：山西人民出版社, 2008.

[98] 张克俭. 大学生人际交往 [M]. 南京：河海大学出版社, 1990.

[99] 张玉芝, 周兰芳. 大学生心理健康 [M]. 北京：北京理工大学出版社, 2017.

[100] 张仲兵等. 大学生心理健康教育与素质训练 [M]. 北京：高等教育出版社, 2014.

[101] 周家华, 王金凤. 大学生心理健康教育 [M]. 北京：清华大学出版社, 2010.

[102] 周莉 . 大学生心理健康教育（2 版）[M]. 北京：中国人民大学出版社，2015.

[103] 周玉霜，王明勇 . 大学生职业生涯规划 [M]. 天津：天津科学技术出版社，2009.

[104] 朱合理 . 大学生个体自我管理研究 [M]. 武汉：武汉大学出版社，2013.

[105] 朱坚，王水珍 . 健康之路从心起步：大学生心理调适与发展 [M]. 北京：科学出版社，2010.

[106] 朱雨春 . 大学生人际交往与谋职 [M]. 太原：山西人民出版社，1988.